MICHELE SAKKARA

I GRANDI FILM DEL CINEMA TEDESCO

Titolo: I Grandi Film del Cinema Tedesco
Autore: Michele Sakkara
Revisione, composizione e grafica: Anna Salvati
ISBN | 978-88-91148-85-8

Tutti i diritti riservati all'Autore
Nessuna parte di questo libro può essere riprodotta senza il consenso dell'Autore

A Maria

Un particolare ringraziamento ad Anna Salvati per la preziosa collaborazione.

Prefazione

Ho incontrato Michele (Michelangelo) Sakkara qualche anno fa quasi per caso ma, come sappiamo, il caso non esiste. L'autore è un uomo distinto, intelligente e gentile oltre che un valente artista nel suo campo: il cinema. Scrive libri interessanti con particolari inediti di personaggi (divenuti leggenda) conosciuti, apprezzati e tradotti in varie parti del mondo e continua a interessarsi di questa arte che viene considerata tale dagli addetti ai lavori, ma che non è ben compresa ed esaltata come dovrebbe dal pubblico.
Nell'opera "Gli intramontabili miti del ventesimo secolo" fresca e scorrevole, ci sono al suo interno diciassette personaggi divenuti immortali: Coco Chanel che amava vestire donne attive e non "donne inutili e oziose"; Cary Grant, che usava dire per conservare l'eterna giovinezza, si deve: "Non bere, non fumare, alimentazione povera di grassi, molto sport, vita attiva in tutti i sensi, e soprattutto … piacersi e piacere"; Maria Callas, charme, sensualità e voce strabiliante; Fred Astaire showman raffinato, elegante e romantico; Joan Crawford definita l'ultima regina di Hollywood; Ayrton Senna considerato il più grande pilota degli ultimi tempi; Rudolph Nureyev, il grande ballerino classico di sempre; Greta Garbo seducente e immortale interprete di figure femminili; Charlie Chaplin l'attore, autore e regista più famoso del mondo; Pelé il miglior giocatore di pallone di tutti i tempi; Charles Boyer il noto attore europeo che si affermò negli Stati Uniti; Bette Davis attrice di forte personalità; John Wayne leggenda del cinema; Ingrid Bergman popolare e celebre attrice; Frank Sinatra, attore ma anche famoso e prolifico cantante; Rita Hayworth grande attrice; Salvador Dalì genio stravagante, intelligente ed esoterico della pittura dell'ultimo secolo, che l'autore incontrò a Cadaques.
L'opera "Il cinema al servizio della propaganda della politica e della guerra", ripercorre la storia del cinema mondiale dai primordi (1700 in poi) e, si può ben immaginare quanto lavoro abbia fatto per reperire informazioni e documenti che attestino, senza ombra di dubbio ciò che è riportato nel libro, lavorandoci alacremente per circa due anni. Non è un giudizio parziale e personale ma una rievocazione storica, artistica, culturale e politica che ha portato allo sviluppo della cosiddetta "Settima Arte". E' un interessante contributo per approfondire argomenti, fatti e personaggi che, nell'immaginario collettivo, non sono ancora stati obiettivamente collocati. Approfondimenti, rettifiche e curiosità fanno di

quest'opera una vera "chicca" per i cultori del cinema, per gli addetti ai lavori e per i curiosi che desiderano conoscere i fatti. Questo libro, riccamente corredato con foto d'epoca, evidenzia l'importanza che ebbero gli ebrei come produttori, attori, registi e musicisti.

Questo nuovo libro, "I grandi film del cinema tedesco" è appassionante ed è anche artisticamente e culturalmente esaustivo.

Mentre lavoravo su quest'opera, sono stata presa pian piano dentro il vortice composto da autori, attori, registi e produttori. I commenti, le interviste e le notizie sono molto importanti e precise. Una marea di personaggi conosciuti e non ma molto carismatici e, specialmente le attrici, piene di un glamour e una sensualità che si sente nella pelle.

Sono rimasta affascinata dalla bellezza di alcune di loro che incarnano meravigliosamente la Grande Madre: forte, distaccata, misteriosa, dolce, intelligente e piena d'amore e dagli attori che mi hanno trasmesso la forza, la ruvidità ma anche la gentilezza e lo charme.

Le foto in bianco e nero hanno un loro fascino e rendono quest'opera pregna di atmosfera anche perché il b/n è più artistico e sembra meno artefatto del colore. I colori bisogna saperli usare e fotografare poiché il colore spesso vira e il tutto appare finto.

Alcune dive trasmettono un sottile velo di tristezza, altre sembrano avere il viso di porcellana e, altre ancora, una regalità innata mista però a consapevolezza e mistero.

I grandi artisti e personaggi ricordati nell'opera rimarranno nella storia mondiale della cinematografia nonostante la loro "denazificazione". L'Arte per me è sempre arte e non va politicizzata, non deve essere distrutta in nome di un diverso partito, religione o padrone. L'Arte è e deve rimanere apolitica, interreligiosa e neutra. È la" vera storia dell'Uomo" che scrive attraversando i millenni e non può essere cancellata. È il cammino verso il futuro che non sarà mai se il passato è stato distrutto.

La fluidità dell'autore nel ricordare la storia mette in evidenza lo sfuggire del tempo e dei personaggi che sono la testimonianza di un mondo scomparso che, nonostante tutto, anche se rievocato non sarà mai più lo stesso.

Guardare attraverso la preziosa e precisa moviola dell'autore focalizzata sugli attimi salienti di un periodo storico, è come fare un viaggio indietro nel tempo, negli anni che vanno dal 1933 al 1945. Un periodo storico offuscato dagli avvenimenti terribili della guerra che, una volta finita, ha prodotto le stesse reazioni di sempre. I "vincitori" hanno imposto le loro regole per scopi politici e finanziari, obbligando i professionisti a rinnegare la loro vita e il loro lavoro, e facendogli pagare oltre l'anonimato anche un serio riscatto: il campo di concentramento.

Non so chi vinca o perda in una guerra: secondo il mio modesto parere nessuno dei due. Quello che credo di dedurre, dagli identici fatti snocciolati durante le varie epoche, è che l'uomo (con la u minuscola perché la maiuscola se la deve guadagnare e non credo ancora che l'abbia fatto) attraverso la sua lunga e atavica storia non abbia imparato nulla. Giocare alla guerra è il suo hobby che, naturalmente, abbina alla politica, al potere e al business. Niente di nuovo sotto il Sole poiché, ancora oggi, si uccide e si distruggono monumenti e opere d'arte in nome di chissà chi, con false pretese e ideologie prezzolate da chi vuole seminare il caos.

Che cosa rimarrà dell'essere umano che non mette in atto "Uomo conosci te stesso e conoscerai gli dei e l'Universo"? Soltanto migliaia di lugubri nomi e innumerevoli date da imparare a memoria sui banchi di scuola.

Anna Salvati

Anna Salvati, Cavaliere al Merito della Repubblica Italiana per l'arte e la cultura è pittrice, grafica, incisora, ceramista, scrittrice e poetessa.

Intervista a Michele Sakkara

Estratto dall'intervista della giornalista Cristina Marciani all'autore:
-D. Come nasce l'idea di questa pubblicazione?
-R. Dalla improrogabile esigenza di una voce in difesa di un cinema, totalmente denigrato, e messo all'indice sbrigativamente etichettandolo come cinema di pura propaganda politica.
-D. A chi volesse chiedere all'autore cosa si proponga di ottenere dando alle stampe, un'opera totalmente in contrasto con la storiografia cinematografica imperante, come risponderebbe?
-R. Ritengo di poter ottenere un effetto dirompente, su un muro di disinformazione che, dalla fine della guerra, si è sempre più radicato in tutto il mondo.

***

L'interpretazione che il cinema ha dato,
da sempre, su avvenimenti storici
non è mai stata rigorosamente
conforme alla **"verità"**,
ma il limite della tolleranza
troppe volte è stato varcato
da film smaccatamente asserviti
alla propaganda di parte.

Per un giusto rapporto fra storia e cinema,
le fonti da consultare
dovrebbero essere molteplici
e di diversa ispirazione politica,
al fine di rappresentare
il più fedelmente possibile
"i fatti".

Ma purtroppo,
questo non è mai accaduto
e non accadrà mai.

***

PROLOGO

Parlare o scrivere sul cinema del Terzo Reich significa provocazione, curiosità, nostalgia, scoperta, e noi... provocatori, curiosi e nostalgici (badate bene: "solamente" di "buon cinema"), ci siamo avventurati su questa strada nell'intento di scoprire, conoscere e far conoscere un "pugno" di artisti e di film "degni" di risiedere nell'Olimpo cinematografico di tutti i tempi.

I "Grandi" del cinema hanno detto:

"... un cinema che soddisfaceva "pienamente" una precisa necessità, identificabile nello spazio e nel tempo."(H.G.Clouzot)

"Film reazionari?, anche considerandoli come tali, restano sempre un fenomeno pieno d'evoluzione, di originalità e d'arte."(Jacques Becker)

"Non è vero!... Non fu la "valanga" di film denigratori sulla Germania e sulle Sue istituzioni, prodotti a Hollywood, a stimolare la reazione tedesca. Vergogna!, solo un regime abietto come quello nazista, poteva incoraggiare la realizzazione di film propagandistici in funzione antibritannica e antisemita."(Charles Chaplin)

"Cinema di propaganda al servizio della retorica e della ideologia del Partito! In verità i governi di tutti i paesi si sono sempre serviti del cinema per portare un loro discorso politico a contatto del popolo, senza provocare "scandalo"...!"(Orson Welles)

"Nessuno può negare l'importanza che quei film ebbero nella storia del cinema mondiale". (Ingmar Bergman)

Orson Welles, Dino De Laurentiis, Luchino Visconti e Mario Chiari

Prestando fede ai succitati giudizi, presi a caso "spigolando" qua e là... fra i" grandi personaggi" dello spettacolo, certo non è facile per l'uomo della strada formulare un giudizio d'opinione su un "fondamentale" periodo di cinema che molti non hanno avuto l'opportunità di conoscere.

"Allora, cosa fu in "realtà" **quel tanto "famigerato" cinema del Terzo Reich?..."** Per_rispondere a questo interrogativo vi proponiamo questa sintesi sul cinema tedesco 1933 – 1945, vista attraverso una serie di schede. Consultandola, sarete in grado di giudicare "responsabilmente".

Michele Sakkara

L'ULTIMA EPOPEA DEL TERZO REICH

Nell'Aprile del '44 su "DAS REICH" era apparso un articolo di fondo intitolato "LA VITA CONTINUA", a firma di Goebbels che diceva " Tra le rovine delle nostre città bombardate, la vita continua. Non ricca e piena di creatività come prima, ma noi restiamo saldi, in piedi, senza la minima intenzione di metterci in ginocchio". Si trattava del progetto di un film. Tutti sanno che il ministro amava appassionatamente il cinema, ed era già stato in passato ispiratore di film di grande successo: (basta ricordare "Concerto a richiesta" del quale aveva scritto dialoghi e sceneggiatura).

Solo i dirigenti dell'UFA nell'autunno '44, vennero informati della decisione di Goebbels di realizzare un kolossal intitolato "LA VITA CONTINUA", il cui scopo doveva essere quello di giocare l'ultima carta per risollevare il morale del popolo. Il leggendario ministro stava già scrivendo la sceneggiatura e aveva deciso di affidare la regia al prof. Wolfgang Liebeneiner; la produzione a Karl Ritter; impiegare gli attori più popolari del momento: Hilde Krall, Marianne Hoppe e Gustav Knuth. Per le musiche Norbert Schultze (l'autore della celebre "Lilli Marlen"), per la fotografia Bruno Mondi. Un budget di oltre otto milioni di marchi e più di mille comparse a disposizione della produzione.

"La vita continua" con Hilde Krall

Durante i sopralluoghi cominciarono le difficoltà perché, la Berlino che si voleva rappresentare era quella di un anno prima, e già non esisteva più, per i continui bombardamenti aerei.

Nel mondo dell'UFA però, nessuna difficoltà era insuperabile, tanto che si decise di ricostruire immediatamente una intera stazione ferroviaria, rifugi anti aerei, locali vari e soprattutto ricorrere a sofisticati effetti speciali.

Il primo ciak avvenne il 20 Novembre del '44 negli studi di Babelsberg dove, ogni tanto, mancava la corrente, non c'era riscaldamento, ma tutto sembrava svolgersi normalmente.

Incredibile! Il film fu girato fra l'Autunno del '44 e l'Aprile del '45, in una Berlino ormai rasa al suolo, alla vigilia dell'ora zero.

Ecco in breve la trama: Berlino Estate '43. In un condominio vive un ingegnere, Ewald Martens, che lavora giorno e notte a una formula che dovrebbe cambiare le sorti della guerra. Si tratta di un dispositivo speciale capace di avvistare preventivamente i bombardieri nemici, che si dirigono sulle città tedesche per distruggerle.

Intanto sua moglie Gundels mette ogni giorno a repentaglio la propria vita, per trarre in salvo dalle macerie le vittime dei bombardamenti. Alla storia dei valorosi coniugi s'intrecciano quelle degli altri condomini.

Finalmente Ewald trionfa collaudando con successo la sua scoperta ma, purtroppo la moglie lo stesso giorno, muore bruciata sotto le bombe incendiarie. Il sogno di tutti i tedeschi si è realizzato: liberare il cielo della Germania dal terrorismo aereo nemico. Dalla finestra della fabbrica dove sta lavorando, egli osserva con gran struggimento, un piccolo corteo di persone protette da maschere antigas, che si avvia verso il centro della città fra un cumulo di macerie, case squarciate, binari divelti, mentre s'innalza un coro trionfale.

A fine Febbraio '45, il set si sposta al campo di aviazione di Luneburg, per terminare le riprese. Liebeneiner, visto il precipitare della situazione generale, cambia il finale.

Decide che si vedrà solo un cimitero coperto di neve dove, il protagonista, depone fiori sulla tomba della moglie.

Ad Aprile le riprese sono finite. Le "pizze" contenenti i "preziosi" negativi, unitamente a sei foto di scena e una copia della sceneggiatura, perché non cadano nelle mani del nemico, sono messe al sicuro sotto l'altare maggiore di una chiesa in un paese vicino.

Là sono rimaste per quarant'otto anni fino a quando, grazie ai documenti ritrovati nel 1993 negli archivi dell'UFA, si è saputo di questo film, che rimarrà nella storia del cinema, come   "L' ULTIMA EPOPEA DEL TERZO REICH".

GUSTAV KNUTH E HILDE KRAHL IN UNA SCENA DEL FILM
"LA VITA CONTINUA"

SENZA REQUISITORIE E SENZA NOSTALGIE

Qualcuno aveva detto: **"Il cinema tedesco muore con la fine della Repubblica di Weimar..."** ma, contrariamente a questa pessimistica profezia, con l'avvento del nazionalsocialismo prese l'avvio un'era cinematografica piena di entusiasmo, di iniziative e di vitalità.

Le partenze di Pabst e di Lang avevano, in realtà, segnato la fine del cinema espressionistico e metafisico, ma il posto lasciato vacante era stato immadiatamente occupato dal cinema del realismo, delle tradizioni popolari, del "nuovo ordine"politico.

Tutto ebbe inizio l'1 Marzo 1933, quando fu istituito il Ministero del Reich per la Informazione e la Propaganda (affidato alla "sapiente"regia del dr. Joseph Goebbels), dal quale dipendevano anche le sezioni Arte, Musica, Teatro e Cinema.

Già il 28 Marzo successivo, il Ministro indiceva all'Hotel Kaiserhof di Berlino una prima riunione, estesa a "tutti" i cineasti tedeschi, per esaminare problemi, udire proposte, suggerimenti e consigli, su quello che sarebbe stato il futuro assetto della cinematografia tedesca.

Dopo aver esposto i suoi propositi e intendimenti per dare il"via"a un cammino industriale -artistico "travolgente", prima che la seduta avesse termine a nome del Governo, offrì a Fritz Lang la carica di "intendente"per il cinema... nonostante il regista appartenesse a una famiglia di origine ebraica. Lui, dopo lunghe esitazioni e tentennamenti, preferì poi rinunciare e trasferirsi a Parigi.

Intanto le dichiarazioni del Ministero sulla progettazione di un rilancio dell'industria cinematografica, avevano immediatamente raccolto "unanimi"consensi fra artisti, tecnici e maestranze, nella consapevolezza che la loro professionalità di alto livello, la vastità del mercato interno e la"forza disciplinatrice"del controllo Statale, avrebbero in breve tempo portato al pieno sviluppo di ogni attività dando modo di riprendere la scalata a quella egemonia che già in passato, era stata appannaggio della industria cinematografica tedesca.

Dopo la rinuncia di Lang, a dirigere il "V Dipartimento" (dal quale dipendeva il settore cinema) fu chiamato il dr. Fritz Hippler, il quale assunse la carica di Intendente, vale a dire di "controllore"di "tutte" le fasi della produzione di materiale filmato: dall'apporto intellettuale dell'idea, fino alla "correzione" di eventuali errori artistici e politici, prima che il prodotto giungesse al pubblico. Suo compito era anche quello di sovraintendere alla preparazione e programmazione dei giornali di attualità, oltre che di film e documentari di propaganda "ufficiale".

Il "V Dipartimento" dipendeva dalla Reichsfilmkammer, il cui presidente dr. Fritz Scheuermann incontrò Hippler (subito dopo la nomina di quest'ultimo a Intendente), per rendergli note le direttive da seguire nell'adempimento del suo incarico. Fra l'altro queste prevedevano un intervento immediato per arrestare la proliferazione delle società di produzione e per eliminare, quelle che non offrivano sufficienti garanzie artistiche e finanziarie.

Inoltre, era necessario accelerare al massimo i tempi per la creazione di un Monopolio di Stato, sia nel settore della produzione come in quello della distribuzione e del circuito delle sale di proiezione.

Indubbiamente, il "volontario" esodo dei cineasti ebrei stava provocando una crescente crisi sia nel ciclo produttivo come in quello dell'esportazione, anche se "per il momento" la ridotta concorrenza estera e il "costante" reddito del mercato interno, assicuravano una stabilità dei quadri commerciali, industriali e artistici.

In data 22 Settembre, sempre nel '33, fu istituita la Camera Nazionale della Cultura, organismo che avrebbe "amministrato" la vita culturale e artistica del nuovo Reich, la cui presidenza venne assunta dallo stesso Goebbels... il quale nella prefazione al manuale che illustrava lo statuto dell'Ente, scrisse: **"Secondo l'ideologia nazionalsocialista la Camera Nazionale della Cultura ha il dovere, grazie all' azione concertata dei membri dei vari settori dipendenti dal Ministro del Reich per l'Informazione e la Propaganda, di promulgare nel popolo e nel Reich, lo spirito della cultura tedesca, di sovraintendere agli affari economici e sociali del settore culturale e di agevolare gli sforzi dei gruppi che essa controlla".**

Nel successivo Dicembre 1933, venne resa nota una ordinanza del Ministero dell' Informazione e Propaganda, nella quale si informava il popolo tedesco che..."tutti" coloro che in futuro avessero desiderato lavorare nell'industria cinematografica tedesca, avrebbero dovuto essere cittadini tedeschi, di discendenza tedesca. Fra gli illustri uomini di cinema ebrei e "non", che lasciarono la Germania dopo l'avvento del nazionalsocialismo, oltre ai già citati Pabst e Lang, vi furono Peter Lorre, Conrad Veidt, Fritz Kortner, William Dieterle, Henry Kosterlitz (a Hollywood=Henry Koster), Max Ophüls, Leontine Sagan, Billy Wilder, Robert Siodmak, Carl Mayer, Carl Freund, Erich Pommer, Lilian Harvey, Robert Wiene, Kurt Bernhardt (a Hollywood=Curtis Bernhardt).

A commento della notizia sull'esodo, la stampa registrò le seguenti dichiarazioni: Dr.Oswald Lehnich (futuro presidente della Reichsfilmkammer) "Finalmente... un'ondata di aria pura!... "Mathias

Wieman (attore) "D'ora in poi, i nostri film diverranno educativi sulla questione della razza, delle differenze razziali, di tutti gli altri fatti concernenti le origini della razza ariana."

Alfred Rosenberg (Ministro di stato e presidente della "Deutscher Kampf film") **"Gli avvenimenti di questi giorni reclamano imperiosamente che ciascuno, fra tecnici, intellettuali, artisti e maestranze dia il meglio di sé, per mostrare al mondo che il cinema tedesco, purgato dal morbo giudaico, è più vivo che mai e punta decisamente verso l'arte più elevata animato dalla nobile aspirazione di produrre film aventi lo scopo di promuovere un rinnovamento, nello spirito e nel morale di tutti i tedeschi ".**

Con l'inizio del 1934, il controllo dello Stato sull'industria cinematografica si fece sempre più "assoluto" e "totalitario" a garanzia, disse, di una attività organica e potenziata. Così... tutti gli stabilimenti di posa, le grandi agenzie di distribuzione, i più importanti circuiti di esercizio e i grandi centri di produzione, furono "assorbiti" dal "Winkler Burò", l'Ente Statale creato appositamente per "indirizzare" in senso etico e artistico la nuova produzione e per "coordinare" le attività tecniche e commerciali con la nuova politica economica.

Agendo con l'assistenza della Reichsfilmkammer e della Reichsfilmbank, lo stesso Ente dopo essere intervenuto in modo diretto per la parte finanziaria, impose suoi "controllori" in seno ai consigli di amministrazione della UFA, della Bavaria, della Tobis e di tutte le loro filiazioni, prendendo l'obbligo morale di giungere nel biennio successivo, al raddoppio della produzione di film d'arte popolare.

Invece le cose andarono diversamente dalle previsioni... certo non per scarsa volontà politica, bensì in conseguenza di un diffuso boicottaggio (alimentato dagli ebrei) in diversi paesi del mondo per tutto ciò che recava il marchio Made in Germany.

Anzitutto ci fu il fallimento della Bavaria (una delle più importanti artefici del precedente sviluppo cinematografico tedesco), cosa di cui cercò di farne beneficio la UFA tentando d'impossessarsene, per poter così estendere il suo "monopolio" su tutto il territorio del Reich. Sennonchè della cosa venne informato Hitler il quale, dopo essersi personalmente recato a visitare gli stabilimenti di Monaco, decise per la loro indipendenza, disponendo uno stanziamento di 4 milioni di Marchi per il loro ampliamento. Intanto... in conseguenza del boicottaggio del film tedesco, mentre nel '33 le esportazioni riuscivano a coprire il 40% dei costi di produzione, verso

la fine del '35 si era già scesi a quota 12% e il futuro non prometteva niente di buono.
Il solo mercato interno, unitamente a quello di pochi altri Paesi (Italia, Ungheria, Svezia e Svizzera) che non aderivano all'ostruzionismo, non era sufficiente a equilibrare i bilanci, per cui divenne necessario diminuire la produzione onde contenere il deficit.
L'UFA fu costretta a sospendere, sia pur momentaneamente, le attività delle proprie agenzie di Stoccolma e Budapest oltre a dover cedere a una società svizzera, l'intero circuito di sale cinematografiche che possedeva in territorio elvetico.
Inoltre, ad aggravare ulteriormente la situazione, contribuì anche l'esodo verso Hollywood dei "divi" tedeschi dai nomi più prestigiosi... i quali venivano attirati oltre Oceano dai fantastici "cachet" offerti loro dal mondo cinematografico "ebraico".
A questo punto... solo provvedimenti rilevanti e radicali, attuati con immediatezza, avrebbero potuto essere in grado di contrastare la crisi e di operare un rilancio produttivo. Pertanto si decise:
1- La fondazione della "Deutsche Export-GmbH", con obbligo di adesione da parte di tutti gli importatori ed esportatori di film, in modo da iniziare il recupero dei mercati esteri; maggior numero di film di qualità ammessi a ottenere una menzione, con relativa esclusione dagli oneri fiscali; Insediamento di un "Comitato Direttivo" alla UFA, composto dal regista Carl Froelich (presidente), dal regista Karl Ritter e dagli attori Mathias Wieman, Eugen Klöpfer, Paul Hartmann; concentrazione di tutte le società di produzione, con progressiva eliminazione di quelle di scarso affidamento; erogazione di fondi speciali per incrementare la produzione di film di livello internazionale.
A proposito di questi provvedimenti, il dr. Goebbels rivolgendosi al dr. Leichestern (dirigente della Filmdramaturgkammer) disse:
"Assicurata la vita all'industria sul terreno economico, salvaguardata l'attrezzatura tecnica, sottratto il complesso finanziario alla speculazione giudaica incredibilmente avida e non sempre moralmente e professionalmente all'altezza, lo Stato ora può rivolgere la cura al miglioramento della produzione. Presto il mondo cinematografico tedesco sarà integralmente rinnovato, il ritmo del lavoro intensificato, l'attività ininterrotta, il rischio economico escluso per le garanzie dello Stato, le preoccupazioni tecniche eliminate. In queste condizioni, la cinematografia tedesca rapidamente raggiungerà mete di cui sarà fiera, forte della sua potenza, della perfetta disciplina dei suoi congegni, della precisa volontà del suo meccanismo."

Joseph Goebbels, Fernandel e Elvire Popesco negli studi di Babelsberg

Molto probabilmente... quando pronunciò le parole succitate, lo stesso Goebbels non immaginava che i risultati della sua "politica cinematografica"si sarebbero manifestati in brevissimo tempo e in modo tale, da sconvolgere qualsiasi previsione.

La più eloquente testimonianza in proposito fu suggellata dalle cifre. Eccone alcune:

*già nello stesso '36, il numero dei film esteri importanti fu ridotto di oltre il 70%... con il conseguente risultato che l'88% delle pellicole messe in circolazione nel Reich, erano di origine tedesca;

*sempre nel '36 i teatri di prosa incominciarono a registrare la "totale" utilizzazione (cosa che si protrasse ininterrottamente fino al '45) dei loro impianti, con un incremento di oltre il 20% rispetto al passato triennio;

*la realizzazione di film a lungometraggio, era immediatamente salita del 25%... giungendo, sempre nel '36 a toccare il tetto di 80 pellicole... la più alta produzione in Europa;

*per non essere da meno, anche la realizzazione di cortometraggi a soggetto (molto cara al partito per "educare" la gioventù) era più che raddoppiata.

2- L'UFA, beneficiando della concentrazione delle società di produzione, stava nuovamente affermandosi come il complesso industriale e commerciale più importante d'Europa, forte delle sue 110 sale cinematografiche (con una capacità di 120 mila posti.....cifra che nel 1938 salirà a 5500 sale con capacità di 2 milioni di posti) e della sua nutrita produzione importata a film di immediata presa sul pubblico.

3- La rinnovata Bavaria, sotto la sapiente guida del nuovo presidente, il dr. Herbell, aveva già iniziato a pieno ritmo la ripresa dell'attività produttiva di film d'arte e qualità... da contrapporre al "commercialismo"dei film UFA e Tobis.

4- Nella stagione '36-'37, il numero degli spettatori, con presenze di oltre 65 milioni, fece registrare incassi per più di 50 milioni di Reichsmark, superando così l'afflusso record del '29-'30, all'avvento del sonoro.

5- L'entrata in funzione di 32 "Sezioni Cinematografiche regionali" (Gaufilmstellen) aventi al loro servizio 300 "speciali" veicoli, equipaggiati con i più moderni apparecchi cinematografici sonori, ebbe il modo di portare "il cinema" anche nei luoghi più remoti del Reich, lontano dalle vie di comunicazione e dai grandi agglomerati urbani. Consuntivo per 180 mila proiezioni, più di 37 milioni di spettatori... nel solo '36.

6- Grande rilancio anche per il cinema didattico... una "tradizione" per la Germania, la cui produzione "specializzata" di film pedagogici, documentari e pubblicitari, da "sempre" era considerata la più "qualificata" del mondo (nel '36 vennero realizzati 1300 film). Non meno attivo, sempre nel '36, il settore "Cinema per la gioventù" (Jugendfilmstunden) il quale a chiusura di stagione segnò un bilancio di oltre 240 mila presenze per 50 mila ore di proiezione. Spettatori i ragazzi della Hitlerjugend, i quali si impegnarono per produrre in proprio alcuni film in formato 16mm con soddisfacenti risultati. Uno di questi film, ebbe "l'onore" di essere scelto per una proiezione televisiva alla "Fiera Esposizione della Radio" svoltasi a Berlino.

Dal canto suo, anche il "Servizio Nazionale del Cinema Scientifico e di Insegnamento" (creato nel 1934) onde estendere l'insegnamento, la conoscenza e l'educazione popolare fra i giovani, s'impegnò per una larga diffusione di una rivista dal titolo: " Cinema e Immagine nella Scienza".

7- Sotto la spinta dei su elencati elementi di espansione, anche il settore delle esportazioni ebbe una impennata favorevole, dovuta in larga misura, alla "qualità" dei film di nuova produzione che presentavano caratteristiche particolarmente indicate per una loro collocazione sui mercati esteri.

8- Detto questo... apparve evidente che il successo alla politica per una "rinascita" del cinema tedesco non poteva mancare, vuoi per il ruolo di primaria importanza che il cinema veniva ad assumere nella vita dello stato (prestigio culturale e incremento economico = afflusso di valuta pregiata), vuoi perché assecondato dal "dinamismo", "ferrea volontà", infrastrutture solide e altamente qualificate.

Tutto ciò emerse notevolmente quando sul mercato furono immessi "degnissimi" prodotti di raffinata maturità artistica, d'impeccabile perfezione tecnica e di notevole accuratezza formale... film che inaugurarono un periodo di progressivo sviluppo... sviluppo che "incredibilmente" continuò la sua "inesorabile" marcia (nonostante la tragedia!) fino al Maggio del '45, quando dovette arrestarsi per forza di eventi "superiori".

Tappe salienti di questo "trionfale" percorso furono, tra l'altro, il primato (per anni indiscusso) nel campo della cinematografia a colori, con adozione su scala industriale del sistema Agfacolor (procedimento "tricrome"=un solo negativo = tonalità di colore morbida e delicata: basso costo), il quale sia pure con tre anni di ritardo sulla "rivale" americana Technicolor (tre negativi = mancanza di praticità, alto costo, tonalità colore discutibili), produsse risultati "superiori" a qualsiasi altro tipo di procedimento per film a colori... in fase di sperimentazione, in quegli anni.

Lil Dagover

Tappe salienti di questo programma:

Anno 1936:
Luglio a Berlino viene presentato il primo film a colori, "Opticolor"(procedimento Berthen - Siemens) prodotto e diretto da Carl Froelich: "DAS SCHONHEITSFLECKHEN" con Lil Dagover e Wolfgang Liebeneiner.

Agosto: parlando a una riunione della REICHSFILMKAMMER Goebbelks aveva detto: "**... la regia, l'interpretazione e la materia trattata, devono amalgamarsi fra loro per raggiungere la qualità... immediato obiettivo del cinema tedesco. Ricordare: la qualità innanzi tutto!**"
Ha quindi preso la parola il regista Karl Ritter il quale, tra l'altro, ha affermato: "**... la maggiore qualità di un prodotto cinematografico si trova nella semplicità della storia narrata, che deve rispondere ai desideri di milioni di spettatori... vale a dire gente semplice, che è molto più sensibile ai contenuti che alle forme esteriori.**"
Affinchè le parole di Ritter non inducessero in errore Oswald Lehnich concludeva: "**... sia però chiaro che, per la salvaguardia dell'arte cinematografica, le opere mediocri dovranno scomparire dai nostri progetti e, a tale fine, noi faremo in modo che esse non ottengano il finanziamento dello stato.**"

Anno 1937:
Marzo: Nel perimetro degli studi UFA a Berlino-Neubabelsberg, viene posta la prima pietra per l'edificazione della "Accademia del Cinema Tedesco". Essa comprenderà tre facoltà: quella artistica, quella tecnica e quella economica. La direzione dell'istituzione sarà affidata al regista Wolfgang Liebeneiner;

Maggio: Zeiss-Ikon presenta a Berlino il primo film stereoscopico;
Giugno: Giubileo della Tobis. Emil Jannings viene nominato presidente del Consiglio d'Amministrazione.

Anno 1940:
Aprile: Vengono presentati dei documenti girati con il sistema Agfacolor: "IL MONDO DEI RETTILI" e "LA TURINGIA".

Anno 1941:

Luglio: Berlino. Viene rifondata la "Camera Internazionale del Cinema", alla quale aderiscono anche Italia, Spagna, Svezia, Finlandia, Danimarca, Olanda, Romania, Ungheria, Francia, Belgio, Bulgaria, Slovacchia, Norvegia, Croazia e Boemia-Moravia.
Si punta all'assetto di un blocco cinematografico europeo in grado di contrastare la potentissima industria hollywoodiana mediante una produzione annua che si aggirava sui 630-650 film.
Goebbels era stato chiaro, dimostrando grande modernità di vedute quando, all'UFA-PALAST am ZOO di Berlino, il 5 Marzo 1943, in occasione del trentennale della UFA, nel corso di una solenne cerimonia, iniziata con la presentazione dello spettacolare super colosso in Agfacolor: "MUNCHHAUSEN" (Il Barone di Munchhausen), aveva detto:
"Voglio ringraziare la UFA, che presenta un bilancio artistico - finanziario trionfale, per la gloria e il prestigio acquisito nel mondo, e consegnare ai principali artefici di tale successo: Dott. Alfred Hungenberg e Dott. Klitzsch "La Placca dell'Aquila Germanica" e il titolo di "Professore" ai registi Veit Harlan e Wolfgang Liebeneiner".
In quel momento la grande casa di produzione impiegava oltre 8.000 persone, possedeva più di 7.000 sale in tutta Europa e poteva contare su un miliardo di spettatori l'anno: un gigante di proporzioni formidabili.
Precedentemente Goebbels il 13 Luglio 1941, rifondava la "CAMERA INTERNAZIONALE DEL CINEMA EUROPEO", vale a dire un blocco unitario di tutte le industrie cinematografiche delle nazioni ruotanti attorno all'ASSE.
In quell'occasione aveva espresso il suo pensiero dicendo:
**"Possiamo prevedere che la produzione europea potrà giungere nel giro di una stagione a una quota annua di 630-650 film, per poi affermarsi a guerra ultimata, come la più grande industria cinematografica del mondo. A queste previsioni ci conduce anche lo scambio sempre più attivo con il Giappone e i paesi del Sud America, tenuto conto che la produzione giapponese fornisce film, oltreché alle popolazioni dell'arcipelago imperiale, anche a cinesi, mancesi, birmani, siamesi e a tutta l'altra immensa Asia Orientale.
Ne consegue che l'industria americana, oggi sotto il dominio illimitato del giudaismo internazionale, sarà costretta per necessità di guadagnare denaro, a perdere quella forma esclusiva di prestigio che l'ha resa famosa fra i cineasti e il pubblico di tutto il mondo.**

Io non parlo come tedesco ma come europeo e vedo, in piena guerra, i popoli d'Europa accordarsi sulle linee essenziali di un ordine unitario.
Noi non intendiamo ostacolare l'iniziativa privata, al contrario vogliamo percorrere, attraverso il cinema, un cammino comune, per aiutarlo a progredire e inquadrarlo entro una cornice ideologica e culturale europea.
L'arte è e deve restare libera, pur adeguandosi a precise direttive, e divenire uno strumento idoneo per creare e sostenere un più profondo processo di unificazione di tutto il cinema europeo".
Quando ormai fu chiaro che la guerra era perduta, anche per l'industria cinematografica, ancora attiva e vitale giunse la fine, in quanto il primo provvedimento che presero i vincitori (O.s.s.- Office of Strategic Services) fu quello di **"sequestrare e interdire"**, per un periodo di tempo di 20 anni, "tutti i film" giudicati di propaganda, sospettati di esserlo e gli altri ritenuti "artisticamente e commercialmente" validi.
La decisione spettava alla Commissione Alleata di Controllo (presieduta da un noto uomo di cinema, l'americano Dore Loew-Levy), organismo che riuniva in sé i vari servizi di censura degli Alleati.
Tradotta in cifre, la sentenza significava il blocco immediato di circa 500 film sui 1.700 prodotti durante il Terzo Reich.
Inoltre, provvedimento che alcuni tra i vincitori e tutti tra i vinti definirono **"la rapina del secolo"**, posero sotto sequestro militare gli stabilimenti della AGFA per impossessarsi dei brevetti della FARBEN AGFACOLOR che, negli Stati Uniti, aveva una filiale denominata ANSCO, la quale subito dopo iniziò a produrre la Anscolor, omologo di Agfacolor, per poter fare concorrenza alla Technicolor, nettamente inferiore.
La motivazione diceva:
**"... di ritenere il sequestro il solo e valido strumento di difesa per immunizzare soprattutto le nuove generazioni, contro i pericoli rappresentati da una produzione cinematografica, che aveva saputo travolgere e distorcere qualunque significato ideologico, piegandolo artificiosamente alle proprie esigenze propagandistiche.
Quei film, basati esclusivamente sulla menzogna, erano riusciti a indottrinare il politico, lo psicologo, il letterato, lo storico, l'artista ma, soprattutto l'uomo della strada".**
Poi nel Novembre 1966, su FILMKRITIK, a firma Helmuth Regel, si lesse:
"Fenomenale! Quel cinema del passato che gli ebrei delle varie majors hollywoodiane, in nome della libertà di pensiero, avevano oscurato e

detronizzato dai mercati, sempre considerati loro esclusivo monopolio, rivive tuttora."

Si riferiva a quei famosi film "incriminati", che erano riapparsi in convegni, rassegne, seminari, congressi e mostre retrospettive, suscitando vivissima curiosità e interesse.

L'impegno per un attento e doveroso sguardo sugli aspetti di maggiore rilevanza, di un periodo cinematografico che non può essere relegato nell'anonimato perché ancora oggi, rappresenta storia, cronaca e attualità, è quello che ha animato questa breve analisi sul cinema del Terzo Reich. Che cosa è immediatamente emerso da una selezione di studi di ricostruzione, basati solo "sui fatti"?

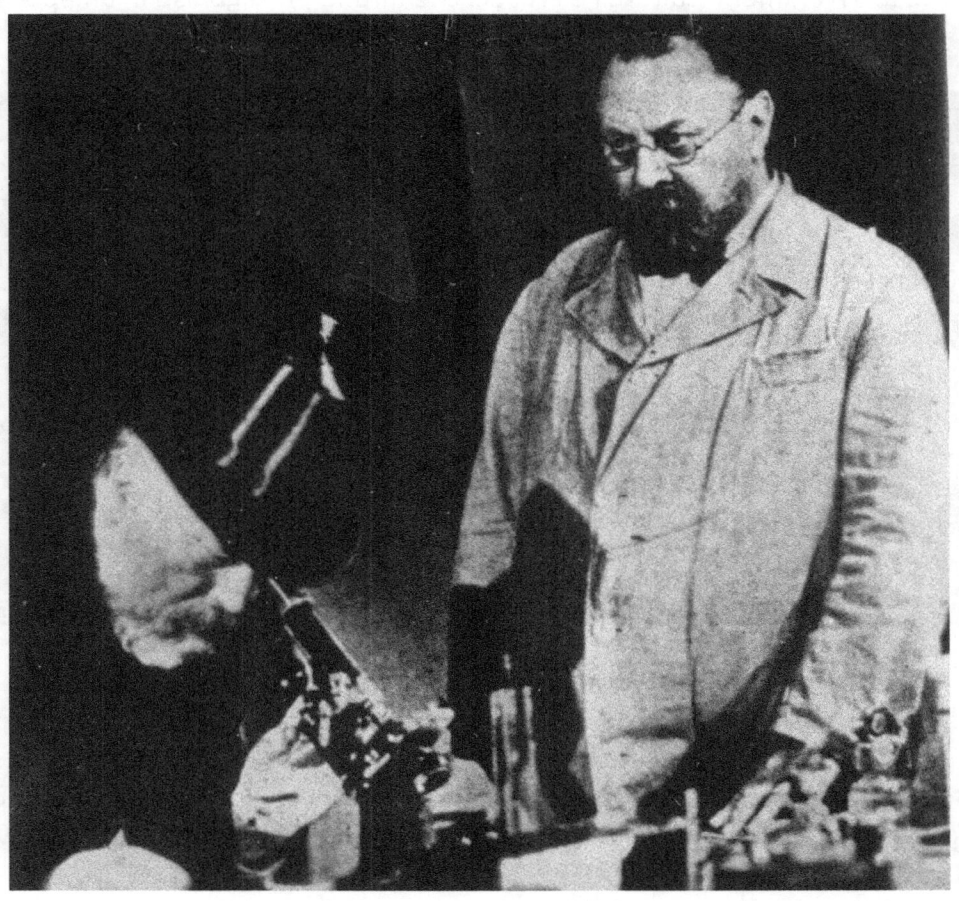

"Robert Koch"

Anzitutto, "l'obbligatorietà" di un'opera di revisione storica che dovrebbe portare dopo oltre un trentennio, a "sostanziali" modifiche di giudizi, "frettolosamente" emessi (a livello politico pseudo - culturale) al termine di una catastrofica guerra, su fatti e personaggi che si trovarono "cinematograficamente" invischiati in quella guerra.

Noi dubitiamo fortemente che ciò possa avvenire, perché il clima che "obbliga" a giudicare con "ottusa" faziosità fatti e personaggi "volutamente" relegati nell'oblio, dal 1945 a oggi non è mutato.

In realtà, si è consci che anche una "parziale" riabilitazione porterebbe, per prima cosa, a riconoscere l'esaltante consenso popolare che accompagnò tutte le fasi della produzione cinematografica tedesca dal '33 al '45 e a ricollocare così, al giusto posto spettandogli nella Storia del Cinema, una serie di avvenimenti culturali e artistici che furono protagonisti di un'epoca.

Goebbels stringe la mano al protagonista dopo la prima di "Der Grosse Konig"- Otto Gebuhr, Veit Harlan e Kristina Söderbaum

Senza tema di essere sospettati di romantiche nostalgie verso il defunto regime, si può affermare che condannando a "morte" film come "OHM KRÜGER"- DIE GOLDENE STADT – TITANIC – MÜNCHHAUSEN- BISMARCK – DIE ROTHSCHILDS – ROBERT KOCH – DER POSTMEISTER – AUF WIEDERSEHEN FRANZISKA – JUD SÜSS – DER GROSSE KÖNIG -

REMBRANDT – OPFERGANG, ecc... ecc... i "vincitori" compirono un atto di terrorismo "intellettuale", certamente non inferiore a quelli che essi "pretendevano" di attribuire ai vinti.

E come altro chiamare se non terrorismo "intellettuale" l'aver interdetti da ogni attività nomi di artisti prestigiosi quali Harlan, Froelich, Ritter, tanto per citarne alcuni.
Gente che sapeva fare del cinema alla pari di un Ford o di un Hawks, ma che doveva essere "punita" **per avere posto il proprio mestiere al servizio della ideologia del partito... della propaganda antibritannica... della retorica militarista, si disse.**

Oggi... parlare o scrivere sul cinema del Terzo Reich significa provocazione, curiosità, nostalgia, scoperta, e noi... provocatori, curiosi e nostalgici (badate bene : **"solamente" di "buon cinema"**), ci siamo avventurati su questa strada nell'intento di scoprire, conoscere e far conoscere, un " pugno " di artisti e di film "degni" di risiedere nell'olimpo cinematografico... di tutti i tempi.

In pari tempo i reparti culturali dell'UFA imprimevano maggior sviluppo ai documentari scientifici, ricorrendo alla micro cromo cinematografia a conferma di una già acquisita supremazia "mondiale". Dal canto loro, anche i cine-giornali di attualità ebbero sempre maggiore diffusione (nel periodo della guerra furono dislocati su vari fronti oltre 900 operatori i quali giunsero a "impressionare", più di 6.500.000 metri di pellicola).
Conseguenza diretta e immediata di tutto questo, fu l'apparizione di un buon numero di pellicole ispirantesi ai responsabili e rigorosi principi di qualità, cioè programmati accanto ad una abbondantissima quantità di opere senza qualità eccezionali, ma pur sempre meritevoli di essere viste... non fosse altro che per saperne di più.

Accanto a una produzione di film spettacolari di qualità, si allineavano una "miriade" di pellicole a carattere evasivo, inflazionate da luoghi comuni ed elementi artificiosi e quindi scarsamente impegnate in senso artistico, ma questo genere di spettacolo rispecchiava i desideri di un pubblico "consumistico" ("non impegnato" si dice oggi) il quale si entusiasmava davanti a film leggeri, ameni e ricreativi.

Joseph Goebbels e Lida Baarova

Del resto, la propensione degli spettatori per pellicole di "svago" era comune alle platee cinematografiche di tutto il mondo, perchè è innegabile che anche a Hollywood, come a Parigi e a Roma, accanto a un modesto numero di film che onoravano l'arte cinematografica, venivano prodotte una infinità di opere di una "desolante" povertà espressiva (ne fanno fede i listini di produzione di quegli anni).

Per riuscire a capire quale strategia ispirò, guidò e sorresse animandone intenzioni e programmi, il "fenomeno" del cinema nazionalsocialista, occorre anzitutto analizzare le sue ricerche, i suoi difetti, le sue virtù, i suoi gusti, la sua produzione attraverso le mete che i suoi autori si erano prefissate e pensavano di prefissarsi per l'avvenire.

"Sezionando"... film che indubbiamente hanno inciso sul costume, sulla cultura, sui problemi politici e polemici dei nostri giorni, appare evidente che essi accanto a una funzione di divertimento, allineavano quella molto più "concreta" di industria, di ideologia politica, di prestigio, di commercio, di botteghino, di arte e di cultura.

La cultura del cinema è nel cinema stesso e, difendendo responsabilmente queste posizioni e le loro "conseguenze", si gettarono le basi per una produzione attiva e feconda, non solo per gli addetti ai lavori, ma anche a livello di spettatori coscienti e provveduti, (largamente recepitivi in una Nazione in cui abbondavano università e centri di studio). Un approfondito dibattito sui vari temi, confermerebbe che taluni momenti di quel passato furono "comunque" importanti, soprattutto come "documenti" per la società contemporanea e, lasciateci dire... come opere
di studio per un cinema tedesco che non sembra capace di recuperare l'antico splendore di quel tempo.

"Wunschkonzert" H.Brausewetter, Sieber H.Ruhman

Peccato!... Peccato perché se a suo tempo si fosse "seriamente" analizzata l'ottica di quei film (spesso freschi, gradevoli, semplici, intransigenti, poetici) nei confronti dell'uomo e della vita, forse... si sarebbero "rinverditi" temi, programmi e comportamenti, mettendo al bando la violenza, il linguaggi da trivio, il sesso inteso come forma "ossessiva", la droga, l'irriverenza verso le istituzioni, il pessimismo esistenziale... vale a dire i "temi" che emergono nel cinema di oggi.

Pur nel dovuto contesto del mutamento dei tempi, quelli che una volta erano i prodotti per la "gioia" di "tutta" la "famiglia"... ma anche folgorazione di dimensioni totalitarie, concretezza di ideali, di coscienza, di pensiero e di morale, restano insostituibili testimonianze di un ambiente, di una tradizione, di una mentalità, di un'epoca...che godette in Europa e in altri Continenti di una vasta "unanimità" di consensi.

A ciò si giunse in seguito alla mobilitazione "totale" di tutte le risorse "cinematografiche" della Nazione, a cominciare dalle forze intellettuali, le quali furono spronate a cercare materia di ispirazione fra i grandi avvenimenti strettamente connessi a un più alto senso del dovere verso lo Stato, per infondere e rinvigorire nella coscienza del popolo l'idea nazionale.

L'essere riusciti a dare vita a uno "stile" cinematografico al servizio dello Stato, portò alla creazione di trust colossale (la "UFA - Film GmbH" con capitale di 65 milioni di Reichmark) verso il quale iniziarono a orbitare, dal Luglio del 1941, le cinematografie di tutta Europa.

Mentre all'interno del Reich le 4 "grandi", UFA, BAVARIA, TERRA e TOBIS, controllavano circa l'ottanta per cento della produzione, in Francia fu creata la Continental Film la quale si assicurò subito i migliori attori, registri e tecnici francesi, e mise in cantiere una serie di produzioni che assorbirono la quasi totalità degli "studi" disponibili.

Non a caso... nel periodo dell'occupazione tedesca, furono realizzati film come LES ENFANTS DU PARADIS, LE CORBEAU, L'ETERNEL RETOUR, GOUPI-MAINS ROUGES, etc. Ed emersero personalità artistiche aventi nome Jean Delannoy, Henry-Georges Clouzot, Jacques Becker.

Sempre in Francia, nel 1941, fu creata la "Sezione del Formato Ridotto", la quale invase il mercato con una produzione in 16mm, di oltre 100 film di grande successo.

La politica cinematografica per i territori dell'Est fu invece diversa, perché anzitutto si dovette provvedere a ristabilire le sale cinematografiche distrutte per cause belliche, poi ad aprirne di nuove e inoltre, a organizzare l'invio di speciali veicoli equipaggiati con le più moderne apparecchiature cinematografiche in quelle remotissime località, dove le popolazioni erano prive di ogni informazione sui fatti del giorno.

Arletty in "Les Enfants du Paradis" con P.Renoir e M.Herrand

Il "gigante" cinematografico europeo era dunque divenuto una "realtà", grazie all'apporto e alla cooperazione di tutti i paesi orbitanti attorno all' "Asse Roma - Berlino", ma soprattutto in virtù dall'alto prestigio conquistato dalla sua produzione, (un richiamo "irresistibile"per le generazioni di quegli anni), sempre tesa a scoprire e ricercare nuove forme di linguaggio, di tecnica e di struttura narrativa, nell'intento di dare vita a processi evolutivi e a nuovi filoni estetizzanti.

Quando poi le nuove operazioni militari su altri fronti incominciarono a volgere al peggio e il territorio del Reich divenne quotidiano bersaglio dei bombardamenti Alleati, l'industria cinematografica non diede il minimo segno di cedimento anzi... guardiamone le cifre, prendendo come parametri i periodi di pace del '38 e gli anni "critici" iniziati con il '43.

Nel 1938: film prodotti 88;
Nel 1943: film prodotti 73;
Nel 1944: film prodotti 66;
Nel 1945: film previsti 72.

Di questi 72 (10 in Agfacolor; 7 di genere poliziesco; 3 Heimatfilm; 52 genere commedia), 28 restarono incompiuti, 21 furono terminati dopo la guerra (6 in bianco- nero e 2 in Agfacolor dalla DEFA; 6 in bianco- nero dalla Bavaria). Ed eccoci giunti alla fine!...
La guerra perduta non poteva che essere "fatale" per una industria cinematografica di intatta "vitalità" qual'era quella tedesca ancora nel 1945... sia per la temibilissima concorrenza che essa rappresentava in campo mondiale, sia perché dalla parte dei vincitori vi erano gli ebrei, vale a dire i padroni "assoluti" del cinema mondiale.
Il loro proposito fu subito chiarissimo: bisognava "strangolare" quel cinema che aveva "osato" oscurare e "detronizzare" Hollywood da mercati, da sempre, considerati di suo "esclusivo" monopolio e che inoltre, era servito a "indottrinare" il politico, lo psicologo, il letterato, lo storico, ma soprattutto... l'uomo della strada.

La soluzione suggerita da Dore Löre-Levy fu semplice: riunire i molti servizi di censura Alleati in un unico organismo (Commissione Alleata di Controllo), il quale "istantaneamente" avrebbe proceduto al sequestro e alla interdizione per un periodo di... "almeno" 20 anni, di tutti quei film giudicati di propaganda nazista, di quelli "sospetti" di esserlo, e di tutti gli altri ritenuti "artisticamente e commercialmente" validi.
Tradotto in cifre, il provvedimento che fu subito messo in atto, significò il "blocco" per circa 700 film su 1700 prodotti.

"Il suggerimento di Löew-Levy fu ritenuto il solo valido strumento di difesa per "immunizzare" soprattutto le nuove generazioni, contro i pericoli rappresentati da una produzione cinematografica che aveva saputo "stravolgere" e "distorcere" tutti i significati ideologici, piegandoli "artificialmente" alle proprie esigenze propagandistiche ", disse il presidente della Commissione di Controllo.

Sennonché... nonostante interdizioni, requisizioni, confische e sequestri, molti dei film "incriminati" dal 1951, riapparvero "misteriosamente"... in seminari, convegni, rassegne, congressi, mostre retrospettive, dedicate al cinema tedesco... in vari paesi del mondo.

A questo proposito, su FILMKRITIK del Novembre del 1966 a firma Helmut Regel, si lesse: "... **Fenomenale!... Il passato rivive tutt'ora.**

I GRANDI FILM

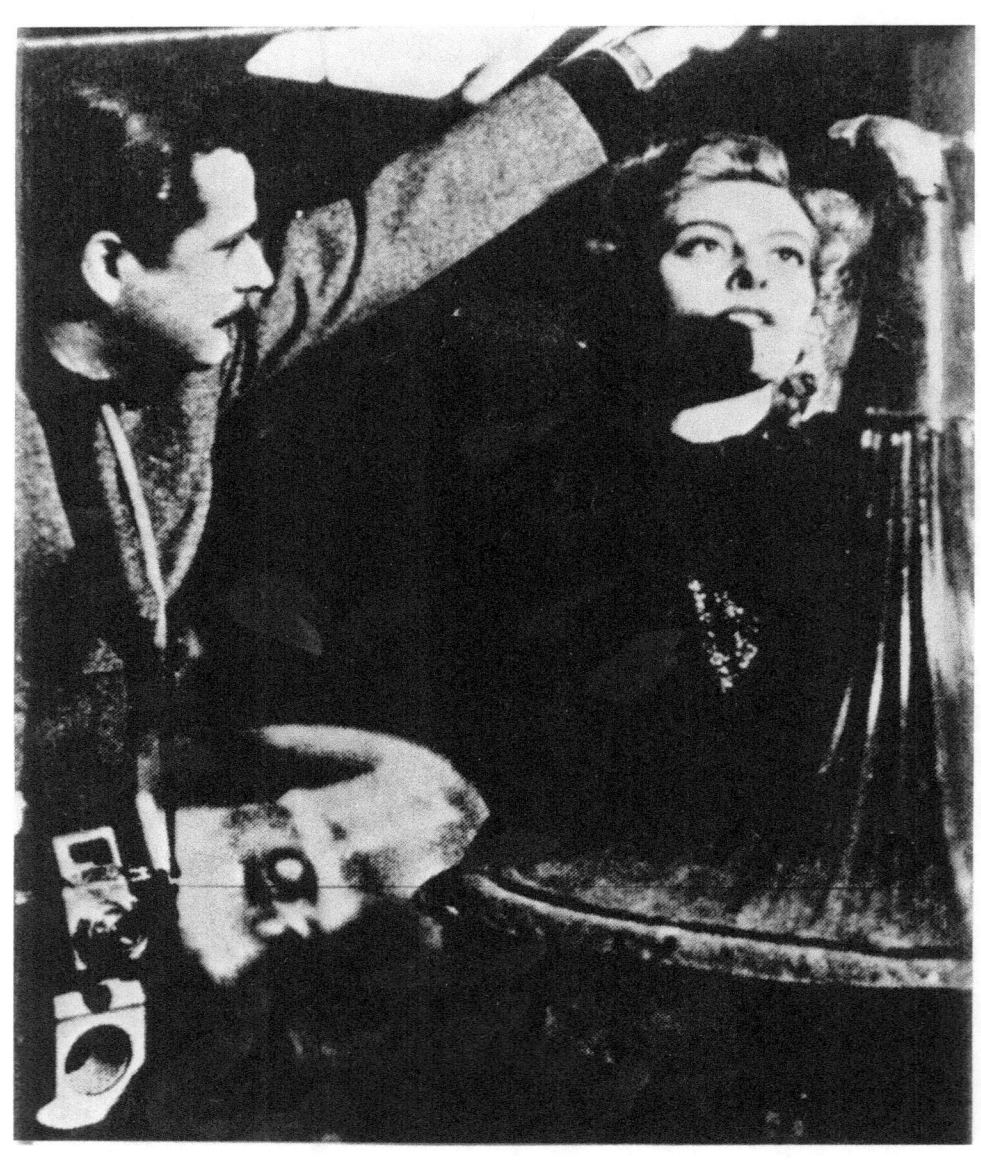

"Auf Wiedersehen Franziska", Hans Söhnker e Marianne Hoppe

AUF WIEDERSEHEN FRANZISKA

Produzione: Terra (1941) **Sceneggiatura**: Curt J. Braun, Helmut Käutner. **Interpreti**: Marianne Hoppe, Hans Söhnker, Herma Speelmans. **Fotografia**: Jan Roth. **Musica**: Michael Jary. **Regia**: Helmut Käutner. **Metri**: 2736.
Prima visione: Monaco il 24 Aprile 1941.

Michael, un affermato fotoreporter, è alla continua ricerca del "sensazionale"... se necessario anche a rischio della propria vita, perché non teme il pericolo e ama profondamente la professione. Di ciò ne soffre la moglie Franziska la quale, insieme ai due figli, vive in una piccola città tedesca di provincia, ed è sempre in attesa di poter riabbracciare il marito... fra un viaggio e l'altro.

Poi, finalmente un bel giorno Michael decide di sacrificare la sua attività alla felicità della famiglia... ma poco tempo dopo scoppia la guerra, ed egli deve partire per il fronte per compiere il suo dovere.

Un saggio esemplare finissimo di cinema psicologico, recante in se un messaggio tendente a dare alla vita un senso "sottilmente" ottimistico e leggero... quale antidoto alla depressione morale e spirituale, provocata dalla guerra e dalle sue tragedie.

Scandita sul ritmo delle partenze e degli arrivi del protagonista, la storia pur senza evitare molti luoghi comuni nella tipologia e nell'ambientazione, coglie con penetrante acutezza (grazie anche all'arte spiritualissima di Marianne Hoppe), il manifestarsi di una situazione e stati d'animo... dalle quali il film trae le dimensioni della propria forza persuasiva.

L'enorme successo commerciale riscosso in tutta Europa dal film, impose subito all'attenzione di tutti il regista Käutner, meglio conosciuto fino ad allora come sceneggiatore, come fine cesellatore nella ricostruzione meticolosa di stati d'animo evocati con minuzia, senza eccessive coloriture e accentuazioni.

NDR. Il successo artistico e commerciale che arrise al film AUF WIEDERSEHEN FRANZISKA negli Anni Quaranta, è paragonabile a quello ottenuto nei successivi Anni Cinquanta, dal capolavoro di David Lean, **"BREVE INCONTRO"**.

"Bismarck", Paul Hartman

BISMARCK

Produzione : Tobis (1940). **Sceneggiatura** : Rolf Lauckner – Wolfgang Liebeneiner. **Interpreti** : Paul Hartmann – Friedrich Kayssler – Maria Hoppenhöfer – Werner Hinz – Lil Dagover – Otto Gebühr – Otto Graf. **Fotografia** : Bruno Mondi. **Musica** : Norbet Schultze. **Regia** : Wolfgang Liebeneiner. **Metri** : 3188.
Prima visione: Dresda il 6 Dicembre 1940.
Film patriottico realizzato in onore di un "eroe nazionale", BISMARCK, rivive i momenti salienti del periodo in cui si realizzò l'unità tedesca.
Nel 1862, nel momento in cui il "grande" prussiano divenne primo ministro, la Germania era ancora divisa in 35 Stati... nonostante tutto il popolo desiderasse ardentemente l'unità politica. Poco tempo dopo...

"Bismarck"

Bismarck aveva già sbaragliato le opposizioni, sconfitto i nemici interni ed esterni, riunito le forze della Germania sotto un unico comando
Quando nel 1940 il film iniziò le programmazioni in tutta Europa, l'avvenimento ebbe particolare risonanza, perché tutto quanto era narrato e ammirato attraverso le splendide immagini di Bruno Mondi, corrispondeva "rigorosamente" ad avvenimenti realmente accaduti fino nei minimi dettagli. Del resto... lo stesso Paul Hartmann, così "perfetto" nel fisico e nella voce al modello del personaggio, rendendo una interpretazione "ideale", aggiungeva una nota di ulteriore credibilità storica agli avvenimenti narrati nel film. Anche Lil Dagover, nel ruolo dell'imperatrice Eugenia, esprimendosi con sofisticato accento francese di gran dama superficiale e frivola, rendeva in modo eccellente e "vero", la personalità del personaggio affidatole. Veri i personaggi... vero il film dunque, perché non presentava un Bismarck "intimo" bensì il Cancelliere di Ferro energico e autoritario, l'incarnazione della volontà, dell'onore, del dovere.

NDR. A completamento delle notizie riguardanti il film, segnaliamo che il regista Liebeneiner, insieme a Ernst Wendt e a Curt Blacknitzky, aveva già realizzato un film su Bismarck nel 1926, un'opera in due parti che ebbe il patrocinio del presidente Hindenburg e la consulenza storico -militare di alti membri dello Stato Maggiore.

DIE GOLDENE STADT

Produzione : UFA (1942). **Sceneggiatura**: Alfred Braun – Veit Harlan – da "Der Gigant" di Richard Billinger. **Interpreti**: Kristina Söderbaum – Eugen Klöpfer – Rudolf Prack – Paul Klinger – Kurtz Meisel – Liselotte Schreider.

Fotografia: Bruno Mondi (Agfacolor). **Musica**: Hans Otto Bergmann – Melodie di Smetana. **Regia**: Veit Harlan. **Metri**: 3004.
Prima visione il 24 Novembre 1942 a Praga.
La meravigliosa vecchia capitale cecoslovacca... le rive della Moldava... i pittoreschi paesaggi boemi... i variopinti costumi della regione, il tutto a contorno di un dramma lievitato in una atmosfera carica di sensualismo che prende a ogni momento le tinte effuse e sfumate dell'acquerello.
Questo è DIE GOLDENE STADT, un film che ha "onorato", "onora" e "onorerà" sempre, il cinema tedesco.
Anna, un'ingenua ragazza di campagna, ricca e bella, è irresistibilmente attratta dall'incanto di Praga, la "città d'oro" che già aveva affascinato sua madre.
Così... con la complicità di una governante, durante un'assenza del padre, Anna raggiunge la sospirata città dove il destino le fa incontrare un volgare cugino che la seduce... la rende madre... poi, l'abbandona perché diseredata.
Presa dalla disperazione, la giovane lascia la città delle delusioni e del dolore per fare ritorno al paese e chiedere perdono al padre, ma questi in procinto di sposare la governante, esclude ogni possibilità di dialogo con la figlia. In preda a una crisi di struggimento interiore, questa raggiunge una vicina palude, che già aveva inghiottito sua madre e lì... scompare fra le infide acque.
A questo destino senza scampo, "aderiva in modo perfetto" l'interpretazione di Kristina Söderbaum (da anni l'attrice preferita di Harlan) la quale metteva in luce una maschera tesa, inquieta, cosciente e presaga a un tempo, in attesa di essere travolta dalla vita.
Questa, la cifra più poetica e intima del film, non solo perché si riferiva alla morte dei sentimenti, delle cose, delle esistenze, ma perché in ogni momento e in ogni piega del racconto, la regia riusciva a far vibrare in filigrana quella sensazione contenuta, fonda e misteriosa, d'inutilità, di sfacelo, di presagio alla fine.
Facendo di ogni immagine una elegia visiva, grazie anche alla "preziosissima" e delicata fotografia di Bruno Mondi, dando sempre all'azione e alla sua circolarità narrativa un ritmo fuso in modo particolarissimo con la recitazione, Harlan ha voluto "scrivere" sulle facce... costruire sui comportamenti e, quasi materialmente, anche sui corpi. Nessun regista del cinema tedesco era riuscito prima a creare con le

proprie attrici, un personaggio femminile della statura e della forza di quello edificato in questo film, da Harlan.
A parte la Söderbaum, anche tutti gli altri interpreti vengono proposti con una verità, una profondità, un'intensità sia umana che espressiva, raramente viste prima sullo schermo.

Kristina Söderbaum e Willi Birgel a Stoccolma nel 1943

NDR. A completamento delle notizie riguardanti DIE GOLDENE STADT segnaliamo :
1-Presentato alla X° Mostra d'Arte Cinematografica di Venezia, il film ricevette il "Premio presidente della Camera Internazionale del Cinema", mentre alla protagonista Kristina Söderbaum, venne assegnata la Coppa Volpi per la migliore interpretazione femminile.

2-Racconta Harlan nelle sue Memorie : " **Quando seppe che intendevo realizzare DIE GOLDENE STADT, il Dr. Goebbels mi mandò a chiamare e mi disse che sarebbe stato meglio che mi fossi dedicato ai film politici, data la guerra in corso, lasciando gli altri generi di storie per il tempo di pace.
Risposi che anche DIE GOLDENE STADT era un film politico, nella misura in cui trattava l'abbandono delle campagne per il miraggio del lavoro in fabbrica e per la vita di città".**

3-CARLO RIM, in "D.I." del 4 Settembre 1943: "… quelle favolose tavolozze di scintillanti acquerelli e quelle delicate tonalità pastello, oltre che all'opera di Mondi sono dovute a un lungo e paziente lavoro di collaborazione di uno dei dirigenti della "IG-Farben", Eduard Schönicke, con il regista Harlan."

4-Il 4 Marzo 1943, in occasione del 25° anniversario di fondazione della UFA, il direttore generale della società, Ludwig Klitzsch, offrì ad Harlan l'incarico di capo della produzione UFA… in riconoscimento dell'enorme prestigio arrecato alla industria cinematografica tedesca dal film : DIE GOLDENE STADT."

5-Nel 1943, in occasione della uscita del film in Svezia, Harlan e la Söderbaum furono invitati a Stoccolma al "Club Internazionale dell'Alta Società" dove, in presenza dei reali, vennero accolti da calorosissime ovazioni e felicitazioni… tanto che il plenipotenziario tedesco in Svezia, Thomson, telegrafò al Dr. Goebbels:
"… il film di Harlan si è dimostrato un ottimo ambasciatore."
Due giorni dopo, l'Università di Uppsala conferiva, nel corso di una solenne cerimonia, ad Harlan e alla Söderbaum, la Laurea Honoris Causa.

6-In Finlandia, a Helsinki, il film è stato proiettato nello stesso cinematografo per 3 anni consecutivi, con un successo dalle proporzioni "incredibili".

7-In Francia, nella sola Parigi, dopo 20 settimane di programmazione al cinema Normandy il film aveva battuto ogni record d'incassi, con una affluenza di oltre 350 mila spettatori.

8-In Italia, al termine della stagione '42-43, il film era record "assoluto" per incassi e affluenza di spettatori.

9-Nel 1943 in segno di riconoscimento per i meriti riscontrati nel film DIE GOLDENE STADT, il Dr. Goebbels, a nome del Führer, insigniva il dr. Veit Harlan del titolo di "Professore".

Zarah Leander in "Das Herz Der Königin"

DAS HERZ DER KÖNIGIN

Produzione: Carl Froelich-UFA (1940). **Sceneggiatura**: Harald Braun – Jacob Geis – Rolf Reissmann. **Interpreti**: Zarah Leander – Maria Koppenholfer – Willy Birgel – Lotte Kock – Erich Ponto – Rudolf Klein-Rogge. **Fotografia**: Franz Weihmayr. **Musica**: Theo Mackben. **Regia**: Carl Froelich. **Metri**: 3056.
Prima visione a Monaco e Amburgo, il 1/11/1940.
"Film raccomandato per il suo alto valore artistico e culturale".
Un'opera piena di pregi stilistici, con immagini di estrema tensione unite ad altre di singolare valore poetico e di "rara" bellezza, questa la prima impressione "a caldo", che si riporta dopo aver assistito al film di Froelich.

La permanenza di Maria Stuarda in Scozia fino all'abdicazione e al giorno della sua esecuzione, è analizzata attraverso la rivalità con Elisabetta d'Inghilterra (la regina "vergine"), le ragioni di Stato, i conflitti religiosi, le complicazioni sentimentali, le passioni, le sofferenze, la crescente tensione, con una narrazione serrata e drammaticamente inserita nel passato dei grandi personaggi shakespeariani.

"La vita appartiene al re… ma l'eternità appartiene ai cuori puri", sono le parole di Maria prima di salire al patibolo, monito e messaggio di un grande cuore. Quello stesso cuore, che anche Hollywood nel 1936, ci aveva presentato tramite la direzione di John Ford e l'interpretazione di Katharine Hepburn, in "MARIA DI SCOZIA".
Nell'esprimere la tensione fra i personaggi, che vengono proposti con estremo acume e vigore, Froelich si è valso di collaboratori di fervidissimo gusto, cosa che ha concorso in modo determinante all'efficacia artistico spettacolare del film.
Merito delle splendide immagini plastiche tutto chiaro-scuro, della minuziosa ricostruzione d'epoca, delle scenografie e dei ricchi costumi, che hanno contribuito a sostenere con intensa partecipazione l'interpretazione degli attori.

Zarah Leander oltre a donare al suo personaggio prestanza e bellezza, vi ha profuso tormentate sfumature psicologiche di intensissima sensibilità, confermando di essere attrice di grande talento.

"Hitlerjunge Quex"

HITLERJUNGE QUEX

Produzione: UFA (1933). **Sceneggiatura**: Karl A. Schenzinger – Erwin B. Lüthge. **Interpreti**: Heinrich George – Berta Drews – Claus Clausen – Hermann Speelmans – Hans Richter – Rudolf Platte – Hermann Meixner. **Fotografia**: Kostantin Irmen-Tschet. **Musica**: Hans-Otto Bergmann. **Regia**: Hans Steinhoff. **Metri**: 2609.
Prima visione a Lipsia, il 19/9/1933.
Prendendo spunto dall'assassinio del giovane hitleriano Herbert Norkus, avvenuto nel 1932, il film con eccellente e magistrale pathos, mette "a fuoco" il clima di terrore instaurato dai comunisti nei quartieri della Berlino operaia negli anni che precedono l'avvento dei nazionalsocialisti.
Heini, un ragazzo di quindici anni, nonostante l'opposizione del padre, vecchio militante comunista, risponde all'appello della gioventù hitleriana, provocando così un insanabile dramma famigliare che culmina con il suicidio della madre.
Il tragico gesto provoca un ravvedimento del marito, il quale scopre di sentirsi prima tedesco poi comunista, ed è pervaso da un contrasto morale interiore ed esteriore che finisce per avvicinarlo al figlio.
Una storia raccontata d'istinto, quasi con furia, da un professionista della macchina da presa qual è Steinhoff, il quale, con chiara coscienza politica, ha dimostrato di non aver dimenticato, durante tutto l'arco della storia, che il cinema è arte emotiva e quindi facilmente assimilabile dal pubblico.
Non vi è dubbio, questa è l'impressione generale dopo aver assistito allo spettacolo, che "la giusta" strada per giungere al cuore e al cervello degli spettatori, attraverso una specifica forma di propaganda, sia stata inaugurata da "Hitlerjunge Quex".
L'intento di fare rivivere "concretamente" a tutti i tedeschi, i drammatici avvenimenti che hanno contraddistinto la loro esistenza quotidiana, è perfettamente riuscito grazie a una serie di sequenze (in particolare la scena del suicidio della madre e quello finale dell'assassinio in piazza) montate in un gioco ritmico pieno di varianti cromatiche di notevolissimo effetto spettacolare e visivo. Senza tema di smentita, si può affermare che il film di Steinhoff ci ha riportato, per il realismo e lo stile che lo pervade, alle migliori pagine del cinema tedesco del passato, a quelle pagine che ancora oggi onorano il cinema mondiale.

Heinrich George

Infine una particolare menzione per Heinrich George, una faccia e una recitazione di "esplosiva" risonanza.
NDR. Il film, prodotto con il patrocinio del governo e del partito, sotto il diretto controllo del capo della Hitlerjugend Baldur von Schirach, fu presentato in galà, all'UFA-Palast di Monaco la sera del 12 Settembre 1933, alla presenza di Hitler, Goering, Goebbels e altri membri del partito.
Prima dell'inizio della proiezione dal proscenio, dopo l'esecuzione della 3° sinfonia di Bruckner, von Schirach in un indirizzo di saluto rivolto agli ospiti disse, tra l'altro :

" **Adolf Hitler è qui tra noi per onorare con la sua presenza, i giovani combattenti morti per creare una nuova e libera patria tedesca... così come ha fatto il giovane Quex, l'eroe del film che ora vedremo. Per questo, vi invito a rendere omaggio alla sua memoria.**"

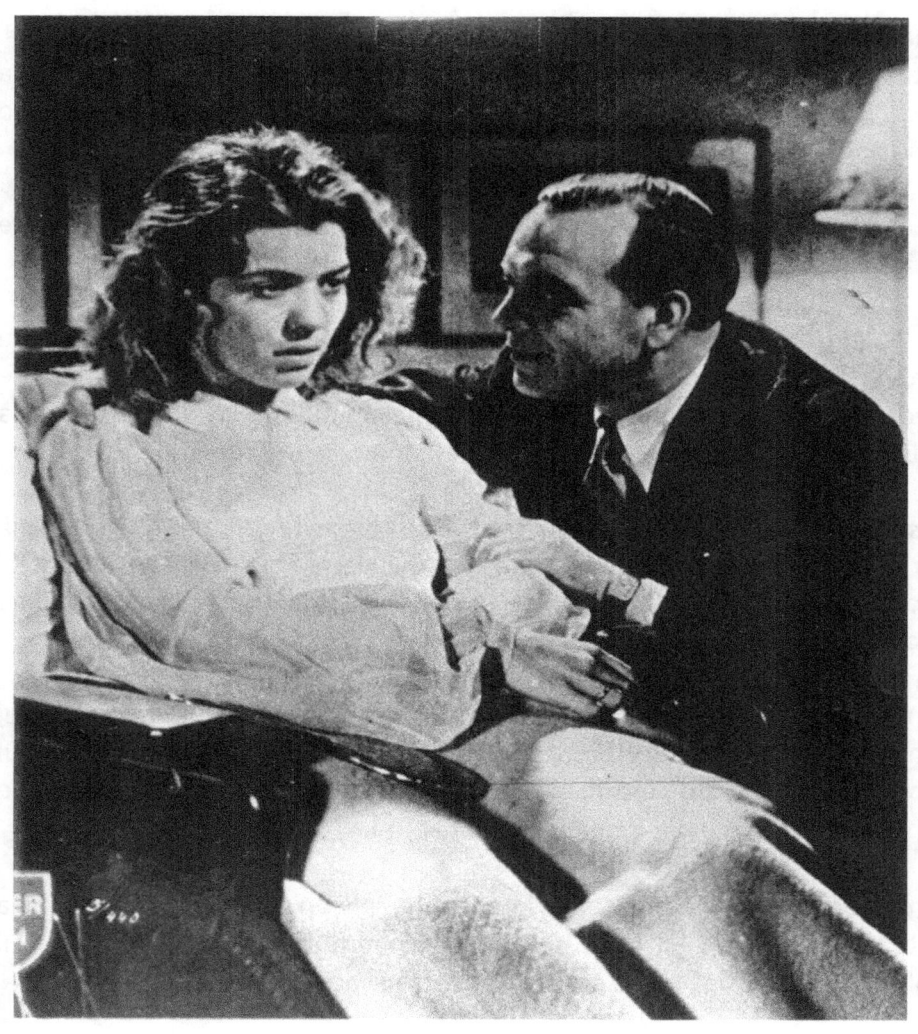

"Ich Klage An", Heidemarie Hatheyer e Paul Hartman

ICH KLAGE AN

Produzione: Tobis (1941). **Sceneggiatura**: Eberhard Frowein – Harald Bratt. **Interpreti**: Heidemarie Hatheyer – Paul Hartmann – Mathias Wieman – Harald Paulsen – Charlotte Thiele. **Fotografia**: Friedl Behn-Grund – Franz von Klepacki. **Musica**: Norbert Schultze. **Regia**: Wolfgang Liebeneiner. **Metri**: 3407.

Prima visione il 29 Agosto 1941.

L'eutanasia! Un tema scottante, illustrato sullo schermo con calcolata modernità interpretativa, da qualcosa di più di un normale spettacolo cinematografico.

Siamo nella cronaca vera, parlante, amalgamata in una storia viva e trascinante che giunge a toccare le intime fibre della coscienza umana.

La moglie del Prof. Thomas Heyt, virtuosa pianista, si trova improvvisamente a non poter più utilizzare la mano sinistra, per cui viene convocato uno specialista, amico di famiglia, al fine di formulare una precisa diagnosi del male che ha colpito Hanna.

La risposta è terribile: la donna è affetta da sclerosi multipla, una malattia incurabile del sistema nervoso centrale, che paralizza progressivamente i muscoli ed espone il malato a sofferenze inenarrabili, fino a quando giunge la morte.

Così mentre il marito con la sua equipe di medici cerca un rimedio al male, Hanna stremata dalle sofferenze, prega l'amico di farla morire ma lui rifiuta... fino a quando sarà lo stesso marito di Hanna, a mettere fine alle insopportabili pene della moglie, avvelenandola.

Hanna muore, ma la fedele cameriera Bertha, al corrente di tutto, denuncia il fatto alla polizia. Il resto del film s'impernia sul processo, dove il problema "eutanasia" viene esaminato sotto i suoi molteplici aspetti.

Il "crimine" del professore, risulta esposto da Liebeneiner come un atto di amore... di pietà, giustificato da argomenti di ordine intellettuale, teologico, filosofico e giuridico.

Un appassionato realismo e una stimolante provocazione, si fondono al fine di comporre un film con una infinità di effetti visivi, sfumatissimi e vividi, naturalmente e sapientemente ben costruiti.

Eccellente l'interpretazione di Heidemarie Hatheyer, impegnata in un ruolo estremamente importante per i contenuti psicologici... e per quel senso di disfacimento e di morte che grava ininterrottamente sul suo personaggio.

JUD SÜSS

Produzione: Terra (1940). **Sceneggiatura**: Ludwig Metzger – Eberhard Wolfgang Möller, Veit Harlan. Dal romanzo Jud Süss di Lion Feuchtwanger. **Interpreti:** Ferdinand Marian – Kristina Söderbaum – Heinrich George – Wermer Krauss – Eugen Klöpfer – Malte Jäger – Hilde von Stolz – Theodor Loos – Walter Werner – Charlotte Schulz – Wolfgang Staudte – Bernhard Goetzke – Anny Seitz. **Fotografia**: Bruno Mondi. **Musica**: Wolfgang Zeller. **Regia**: Veit Harlan. Metri: 2663.

Prima visione al Festival del Cinema di Venezia, il 24 Settembre 1940, con la partecipazione del regista e dei due protagonisti.
"Film particolarmente raccomandato per il suo alto valore politico e artistico."
JUD SÜSS, è certamente il film più noto realizzato in Germania nel periodo 1933-1945, non solo per il tema trattato ma anche perché rappresenta il più grande successo artistico - commerciale... nell'intera Europa "occupata e non", di quel periodo. 12 milioni di Marchi di allora... cifra "astronomica", da capogiro per quei tempi, in soli 5 anni di programmazione.
"Evidentemente", a parte l'indottrinamento ideologico doveva trattarsi di un prodotto di altissima ed eccellentissima fattura, poiché incontrò la curiosità e il plauso delle folle di tutto il mondo.
La trama è nota : il duca di Wurtemberg, Karl Alexander, uomo molto sensibile ai "piaceri" della vita, cade sotto le grinfie dell'ebreo Süss il quale ne approfitta per accrescere la sua influenza sul duca, fornendogli materia per soddisfare i suoi istinti.
Così... il desiderio di Süss di aprire le porte della città di Stoccarda agli ebrei, viene soddisfatto. Intanto Süss si è invaghito della giovane Dorothea (figlia di un consigliere di Stato) già fidanzata, e visto che non riesce a essere ricambiato, ricorre al ricatto e abusa di lei.
Poco tempo dopo, gli avvenimenti precipitano. Il duca muore d'infarto, dopo un alterco con Süss, e Dorothea sconvolta per l'onta subita, trova la morte gettandosi nel fiume.
A questo punto esplode la collera popolare, che si placa solo quando un decreto, datato 7 febbraio 1738, obbliga tutti gli ebrei a lasciare il territorio di Wurtemberg... mentre Süss arrestato e processato, viene condannato a morte.

Dicevamo trama nota, perché tratta da un celeberrimo romanzo scritto nel 1925, dall'ebreo Lion Feuchtwanger, intitolato appunto, JUD SÜSS.

Per tornare al film, diremo che a nostro parere non si poteva conciliare "più degnamente" e con più rispetto, l'anima del libro e le necessità artistiche e commerciali di una pellicola.

Pellicola perfettamente riuscita, soprattutto là dove la sua parte più gelosa e più difficile, cioè la drammatizzazione visiva dei personaggi e dei loro conflitti, poteva facilmente indurre a mistificare quel senso di concatenazione che guida le menti sino alla soglia, degli imperscrutabili disegni di Dio.

Di questo va dato atto ad Harlan, il quale ha saputo profondere in tutto il racconto, una impronta e una sostanza di "vera" arte la quale, unita a quel soffio di autentico lirismo che pervade il film, ha dato vita a uno spettacolo di altro prestigio e grande emotività.

Rigorosamente esatto dal punto di vista tecnico, minuziosamente ricostruito in ogni suo particolare (le sequenze della Sinagoga e quella del finale quando Süss penzola all'interno della gabbia mentre la folla sottostante inveisce contro di lui, sono una splendida e memorabile pagina di cinematografo), ecco un film dove facendo appello alla cultura, al regista, agli interpreti, all'ambientazione, si è tradotto... senza tradire.

Di Ferdinand Marian, il protagonista, ci limiteremo a dire : spiccatissime qualità inventive, nella ricerca esasperata di ogni sfumatura interiore ed esteriore, della personalità psichica e fisica del personaggio.

Kristina Söderbaum... una splendida Dorothea, tenera, vibrata, schiva, la cui tragica morte provoca compassione senza togliere grandezza al personaggio.

E che dire di Werner Krauss, il quale ha profuso tutte le risorse del suo eccezionale temperamento di grandissimo artista, al fine di rendere " autentici" (con una ricchezza di sfumature ineguagliabili), i personaggi del rabbino Loew e quello del segretario di Süss, Levy.

NDR. In merito alla "autenticità" o meno, dei fatti narrati nel film JUD SÜSS e a completamento delle notizie che lo hanno riguardato, trascriviamo :

21 Febbraio 1941 – LE PARISIEN. "Tutto ciò che viene narrato in JUD SÜSS, non è frutto di fantasia ma corrisponde fino ai minimi particolari a fatti storici documentabili e realmente accaduti, che in realtà furono più drammatici di quanto mente umana possa immaginare."

Robert de Beauplan su "ILLUSTRATION". - 1 Marzo 1941.
"Non si può certo dire che il fattore propaganda non abbia avuto parte vitale in questa produzione, dove si rievoca la storia delle calamità che hanno imperversato sul popolo d'Israele, al fine di mettere in guardia le generazioni di oggi, contro i pericoli che potrebbero derivargli dal "contagio" ebraico". Ma la propaganda è niente, in confronto all'opera

d'arte. JUD SÜSS è un film di primissimo ordine per i suoi contenuti drammatici, per la qualità delle sue immagini e il valore dei suoi interpreti. D'altra parte, il rispetto "scrupoloso" della verità storica è avvalorato, fino ai minimi dettagli della sceneggiatura e della messa in scena, da una documentazione sicura e inoppugnabile.

Nel 1934 in Inghilterra, l'ebreo Lothar Mendes, anche lui traendo spunto dal dramma di Feuchtwanger, realizza un film intitolato JUD SÜSS, un'apologia di semiti, nel quale gli ebrei appaiono come stirpe candida e innocente.

Goebbels ad Harlan, nel Gennaio 1940. "... il film deve rappresentare il giudaismo tale e quale è. I giornali non dovranno parlare di propaganda. Saranno gli spettatori a trarre insegnamento dallo spettacolo."

20 Gennaio 1940 – VEIT HARLAN su "DER FILM".
"Il mio intento è quello di mostrare che il giudaismo delle origini, si è mantenuto integro fino ai giorni nostri... nonostante le differenze di temperamento e di carattere fra il mercante, il rabbino e il malfattore."

Da una brochure a cura del dr. Knauff, capo dell'ufficio stampa della Terra Film : " Giù le zampe, ebreo davanti a una donna tedesca". La scritta campeggia sul viso di un Süss, dipinto di verde con occhi gialli.

19 Novembre 1940 – Berlino.
Alla uscita dall' UFA-Palast am Zoo, dopo la visione del film JUD SÜSS, si è formato un corteo di manifestanti che ha percorso le vie del centro al grido di: " Cacciamo gli ebrei dal Kurfürstendamm!... Fuori gli ebrei dalla Germania!"

24 Luglio 1948 – Lettera di Harlan al Rabbino Prinz.
"L'accusa che il mio film calunniava il giudaismo, incoraggiava i progroms e provocava l'antisemitismo, non è esatta. Non vi era provocazione, ma soltanto la rappresentazione in chiave artistica, dei problemi ebraici di "sempre".
La sceneggiatura da me redatta in collaborazione con il dr. Möller, partendo da un progetto di Metzger, s'ispirava alla celebre novella di Wilhelm Hauff e al successivo dramma di Lion Feuchtwanger.

Prima d'iniziare il lavoro io e i miei collaboratori ci recammo a Stoccarda, la città dove si erano svolti i fatti riguardanti Süss Oppenheimer, e lì abbiamo trovato negli archivi documenti inoppugnabili, sulle varie fasi del processo a Süss. Dopo averli studiati a fondo, ci siamo messi all'opera facendo si che il film risultasse il più "fedele" possibile, alla documentazione storica consultata.
Se il mio film si considera "antisemita", a maggiore ragione deve considerarsi "nettamente antisemita", quello JUD SÜSS realizzato 6 anni prima del mio, dall'ebreo Lothar Mendes, con l'interpretazione di Conrad Veidt.
Per ciò che riguardava le sequenza della sinagoga, intervenne un rabbino il quale spiegò e insegnò a Krauss, tutto ciò che corrispondeva ai rituali delle funzioni."

Il Reichsfilmintendant Hippler, dopo la visione del film:
"L'ebreo, presentato come un essere particolarmente corrotto, frodatore e usuraio, per un ariano non può che suscitare repulsione e disgusto fisico. Due quadri nel film, mi hanno particolarmente colpito : quello in cui il consigliere Sturm dice "… mia figlia non metterà mai al mondo bambini ebrei!" e quella successiva quando, dopo avere cacciato Süss, aprendo la finestra esclama: "… infine, un po' d'aria fresca!…".

1957. Si credeva, come stabilito dal tribunale, che il negativo del film e tutte le copie positive esistenti fossero state distrutte, invece nel 1957, tanto al Cairo che a Beyrut circolavano copie doppiate in arabo di JUD SÜSS.
Si disse che il film era stato distribuito dalla Soviexportfilm in tutti i Paesi Arabi, dopo il "ritrovamento"… di un secondo negativo, nella Germania Est.

1959. Il re saudita Ibn Saud, affermano i giornali, ha acquistato per la somma di 100.000 dollari il negativo del film JUD SÜSS.

1968. Il più importante periodico dello spettacolo, l'americano "VARIETY", annuncia che copie del film JUD SÜSS circolano in Estremo Oriente e in Sudamerica.

KADETTEN

Produzione: UFA (1941). **Sceneggiatura**: Lelix Lützkendorf – Karl Ritter. **Interpreti**: Mathias Wieman – Carsta Löck – Andrews Engelman – Theo Shall – Detlev Sierck. **Fotografia**: Günther Anders. **Musica**: Herbert Windt. **Regia**: Karl Ritter. **Metri**: 2561.

Prima visione a Danzica il 2 Dicembre 1941.

Tratto dal romanzo di Ernst von Salomon, che porta il medesimo titolo, il film narra le vicende della guerra dei "7 anni", che opposero Prussiani e Russi, nella regione di Berlino, nel 1790.

Un capitano Prussiano dopo la disfatta di Kunersdorf, ritenendo ingiuste le accuse formulategli dal Re, diserta e passa al nemico, con un gruppo di giovani cadetti. Poi... pentito del suo gesto, uccide il capo dei Cosacchi prima di cadere a sua volta permettendo, con il suo sacrificio, agli ussari prussiani di riconquistare il forte.

Il tema del nobile e fiero spirito militare, che si manifesta nei giovani ufficiali, è qui espresso con forte e ampio respiro, costituendo un sincero omaggio all'eroismo dei soldati di tutte le guerre.

Una visione di dolore e di gloria, innanzi alla quale l'uomo si commuove e si migliora, perché sente la bellezza della fede e la formidabile potenza fruttificante del sacrificio.

Da questo film si impara a disprezzare la retorica e ad apprezzare la semplicità... una semplicità fatta di notazioni profonde e di particolari precisi e persuasivi.

Soprattutto è perfettamente riuscita la parte più gelosa del film, quella della drammatizzazione visiva dei personaggi e del loro conflitto.

Eccellente e finissima l'interpretazione; ottima la fotografia, in giusta armonia con le musiche di Windt.

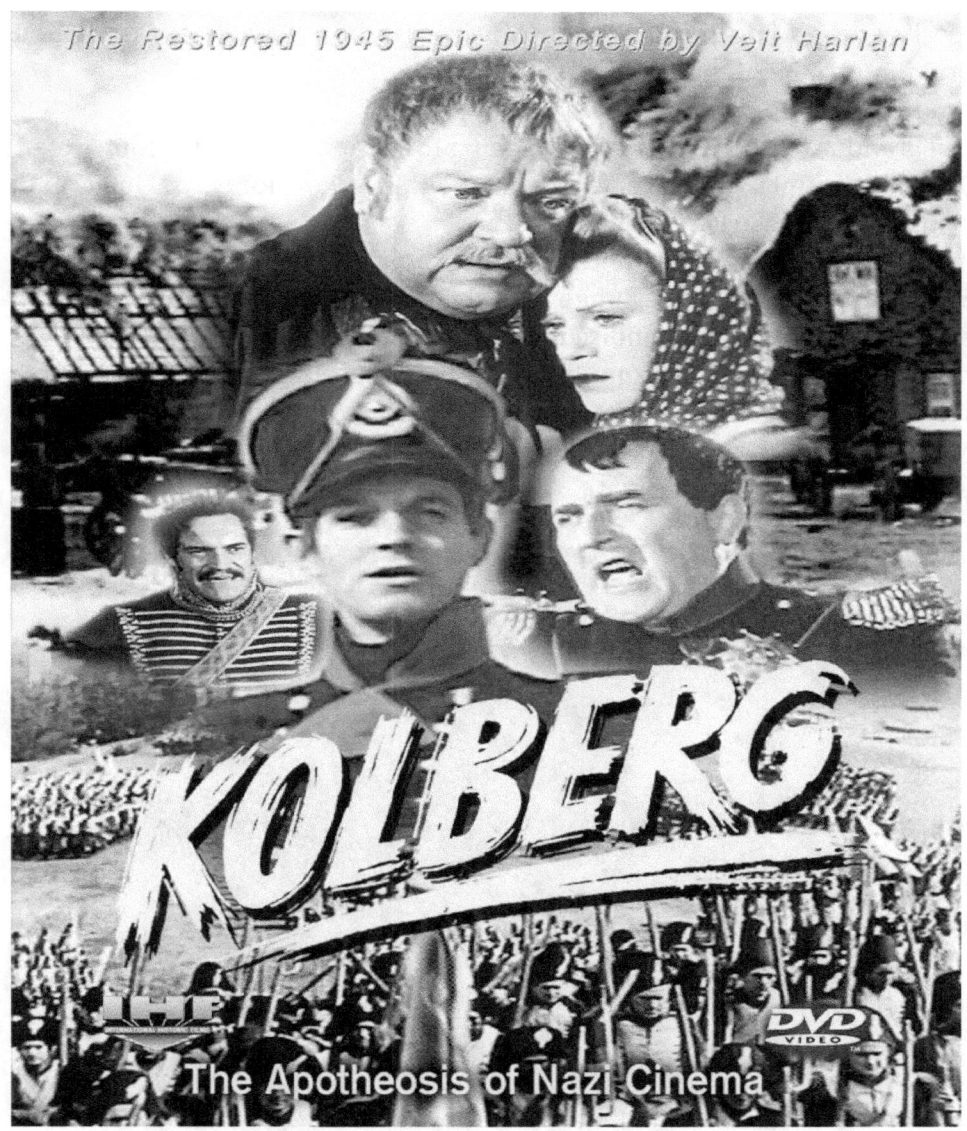

KOLBERG

Produzione: UFA. **Sceneggiatura**: Alfred Braun – Veit Harlan – Thea von Harbeu. **Interpreti**: Kristina Söderbaum - Heinrich George – Paul Wegener – Horst Caspar – Gustav Diessl – Otto Wernicke – Irene von Meyedorff – Kurt Miesel – Jaspar von Oertzen – Jakob Tiedtke – Charles Schauten – Heinz

Lausch. **Fotografia**: Bruno Mondi. **Musica**: Nerbert Schultze. **Regia**: Veit Harlan. **Metri**: 3026, Agfacolor.
Prima visione: Berlino 31 Gennaio 1945.
Il più grande sforzo produttivo del cinema hitleriano!... 100.000 comparse... 10.000 uniformi... 6.000 cavalli... 2 anni di lavorazione... 9 milioni di Reichsmark... questo, è KOLBERG.
Il filone storico, già felicemente sperimentato da Harlan con il successo di DER GROSSE KÖNIG, raggiunge con KOLBERG il punto d'arrivo di un percorso ricco di pagine d'indiscutibile prestigio.
Ancora una volta il regista ha dimostrato che l'esaltazione delle più nobili virtù patriottiche può non disturbare, quando queste siano parte integrante del racconto stesso, nell'omogeneità dell'impasto e nell'equilibrio dei vari elementi.

"Kolberg", Paul Wegener e Horst Caspar

La trama narra la resistenza opposta alle truppe di Napoleone, dai militari e civili che difendono il porto di Kolberg, durante la guerra franco - prussiana del 1807. Certamente il tema era di "scottante" attualità quando il film venne messo in circolazione, nel gennaio del '45, e il "crudo" e violento realismo delle scene delle battaglie unitamente a dialoghi come quello di Napoleone (sostando innanzi alla tomba di Federico il Grande):
"Federico il Grande!... Potrei essere qui io, se tu fossi ancora vivo?..."
Nettelbeck: " **Tutti sepolti sotto le macerie piuttosto che arrenderci.**"
Schill: " **Occorre mettere tutto il popolo sul piede di guerra.**"
Gneisenau: "**Dalle ceneri e dalle rovine nascerà un nuovo popolo, un nuovo Reich**", suonavano come "mobilitazione totale" contro il pericolo che incombeva, in quel momento, sulla Germania. Del resto, lo stesso Goebbels dopo aver visionato il film disse:
"**La visione di questo film in tempo di pace, deve suscitare ammirazione per "l'esempio" di Kolberg e dei suoi abitanti. Vedendolo oggi, in piena guerra totale, ha il senso di un'analogia e deve quindi essere esempio, per noi tutti**".

"Kolberg", Heinrich George e Kristina Söderbaum

Anche il "Volkischer Beobachter", in data 1 Febbraio 1945, sotto il titolo:

" Un film?... un esempio!..." scriveva: "Il disonore e la schiavitù sotto il Corso erano un paradiso, paragonandole con la sorte che ci attenderà sotto il bolscevismo."

Comunque a parte il lato emotivo suscitato dalla visione del film, il risultato fu che ne scaturì una delle opere più belle e umane, prodotto dal cinema tedesco.

Splendidi i colori, su quei volti di donne, di bambini, di soldati, volti scelti con una straordinaria abilità... "presi" con intelligenza... " lavorati" con arte. Superba la regia, efficacissima l'atmosfera, perfetta l'interpretazione, in particolare quella di Heinrich George, un attore potente nei toni passionali, umanissimo in quelli amari, vibrante in quelli drammatici.

Purtroppo, lo sfruttamento del film s'interruppe per forza maggiore, dopo due mesi di programmazione e poté riprendere solamente con la cessazione del "blocco di 20 anni", cioè nel 1965, dopo essere stato "opportunamente" manipolato, finanche nel titolo, divenne : " DER 30 JANUAR 1945/ DER FALL "KOLBERG".

Non è tutto: all'originaria copia di distribuzione furono aggiunti venticinque minuti di filmati di attualità fra i quali, anche un discorso di Goebbels, con il risultato, facile a immaginarsi, che il film dovette essere ritirato dalla circolazione per il "totale" disinteresse del pubblico.

"Komödianten", Henny Porten e Käthe Dorsch

KOMÖDIANTEN

Produzione: Bavaria (1941). **Sceneggiatura:** Axel Eggerbrecht – Walter von Hollander – G.W. Pabst. **Interpreti:** Käthe Dorsch – Hilde Krahl – Gustav Diesel – Henny Porten – Ludwig Schimtz – Richard Häussler. **Fotografia:** Bruno Stephan. Musica: Lothar Brühne. **regia:** G.W. Pabst. **Metri:** 3072.
Prima visione a Lipsia il 5 Settembre 1941.

"Film particolarmente raccomandato per il suo valore artistico, politico e culturale.";
" Film adatto alla formazione del popolo";
"Medaglia D'Oro, alla Settimana Internazionale del Cinema a Venezia assegnata al migliore regista".

Il film è dedicato alla memoria di Carolina Neuber, la più grande attrice del teatro tedesco del XVIII° secolo... colei che aprì le porte del palcoscenico ad autori di nome Schiller, Goethe, Lessing.
La storia narra l'odissea di un gruppo di attori girovaghi che al loro ritorno nella città di Lipsia, dopo una tournè a San Pietroburgo, trovano il teatro occupato... grazie agli intrighi di un personaggio altolocato.
Komödianten appare subito come un'opera piena di pregi rilevanti, per il gusto e la misura con cui viene trattato il tema e per la cura preziosa nei costumi, negli arredamenti e nei paesaggi. Il film è bello, ricco di sfumature delicate, calcolato con minuzia, avvolto dal calore poetico e dall'intensa umanità di una vecchia stampa.
I motivi spettacolari sono di sicura presa, a volte anche superiori alle precedenti fatiche del regista che ha qui trovato materia, per esprimere "genuinamente" i rapporti fra i personaggi per cui i loro dolori e i loro conflitti non sono espressi con la facile e meccanica sintassi della convenzione scenica, bensì con la intima necessità dell'emozione.

Questo... sembra il risultato più importante raggiunto da Pabst con questo suo film.

MÜNCHHAUSEN

Produzione: UFA (1943). **Sceneggiatura**: Berthold Bürger (pseudonimo di Erich Kastner). **Interpreti**: Hans Albers – Ilse Werner – Brigitte Horney – Ferdinand Marian – Marina von Ditmar – Kathe Häack – Leo Slezak. **Fotografia**: (Agfacolor) Werner Krien – Konstantin Irmen Tschet. **Musica**: Georg Heantzschel. **Regia**: Jesef von Baky. **Metri**: 3662.
Prima visione a Berlino il 5 Marzo 1943.
Il barone Karl Hieronimus von Münchhausen, ufficiale sassone al servizio di Caterina II, nel XVIII ha occasione d'incontrare Giuseppe Balsamo conte di Cagliostro il quale gli fa dono di un anello "magico" che, oltre a renderlo invisibile, gli permetterà di mantenersi giovane e di essere protagonista di fantastiche avventure.
Dopo aver sedotto la Czarina, a cavallo di una palla di cannone il barone riesce a penetrare a Ortchakoff e una volta condotto innanzi al Sultano turco, subito lo conquista con il suo spirito esilarante e con racconti rocamboleschi. Poi... con un audace colpo di mano, gli rapisce la favorita dell'harem (Isabella d'Este), con la quale fugge a Venezia.
Durante lo svolgimento del celebre carnevale veneziano, Isabella ritrova il fratello che per sottrarla dalle grinfie del barone, la rinchiude in un convento. Münchhausen allora sfida a duello il fratello rivale, il quale ha la peggio. Il fatto giunge a conoscenza del Doge che ordina di arrestare il barone ma questi, riesce a sottrarsi alla cattura fuggendo a bordo di una mongolfiera, che lo conduce sulla luna.
Dopo qualche tempo, Münchhausen ritorna sulla terra e una volta terminato l'incantesimo dell'anello magico, sposa una giovane di cui si è pazzamente innamorato per trascorrere unitamente a lei, giorni felici nel castello avito.
Ecco un film veramente "eccezionale"... Sia pure come prodotto di confezione, che non poteva non conseguire un successo "eclatante" su tutte le piazze cinematografiche nelle quali fece la sua apparizione.
Un meccanismo, bisogna riconoscerlo, studiato in ogni suo pezzo e messo in movimento dalla regia di Josef von Baky con indubbia grande abilità, per produrre uno spettacolo pieno di "verve" inventiva... zeppo di "gags" e continue trovate. Ricco di sequenze spettacolari realizzate in "truka" dallo specialista dell'Agfacolor Irmen Tschet (l'operatore di HITLERJUNGE QUEX), in special modo il viaggio sulla palla di cannone, il volo in mongolfiera, la

permanenza di Münchhausen e del suo inseparabile valletto sulla Luna (dove un giorno equivale a un anno di vita terrestre e tutti gli abitanti hanno facoltà di separare le teste dal loro corpo), la vegetazione quasi tropicale del corpo celeste, appariva al livello del "migliore" Walt Disney. Una "magica" illusione totale pervadeva i deliziosi ambienti dalla minuziosa ricostruzione storica, i quali furono arredati con accessori (servizi da tavola in oro e argento, mobili e sopramobili) prelevati in palazzi di Stato e Musei, mentre non meno di 500 figurazioni speciali, realizzavano "saloni" di massa altamente spettacolari. Con merito non soltanto da box-office l'interpretazione di Hans Albers, abbondante di clima "deus ex machina" ... un omaggio al divismo extra "routine". Molto efficienti e concrete anche Ilse Werner e Brigitte Horney, ansiose, turbate e sensibili, senza mai

Hans Albers e Brigitte Horney

cedere alle maniere. Infine un Ferdinand Marian interiorizzato, istrionico, una funambolica mimica di particolare trasparenza, per un convincente Cagliostro.

NDR. A completamento delle notizie riguardanti Münchhausen, citiamo :

1-Gli esterni riguardanti il carnevale a Venezia, furono filmati dai Servizi Attualità nel 1939, durante l'ultimo svolgimento della manifestazione, prima della guerra. Il materiale, venne poi utilizzato in "trasparente".

2-L'intera lavorazione del film durò più di 2 anni, di cui: 1 anno per realizzare le sequenze in "truka"; 5 mesi per approntare scene e costumi; 16 settimane per le riprese.

3-L'Agfacolor istituì turni di lavoro straordinari, per fabbricare la pellicola negativa necessaria alle riprese del film.

4-L'originaria copia di lavorazione durata superiore alle 2,30 ore di proiezione, fu ritenuta dalla UFA anticommerciale sia per lo sfruttamento interno sia per quello estero e perciò fu deciso, "purtroppo", di "amputarla" di sequenze "favolose" quali alcuni "eccellenti" quadri veneziani nello stile della commedia dell'arte; quella dell'orologio musicale "vivente"; quella del teatro di Corte. Così... si giunse al montaggio di una versione della durata di ore 2,10 per il Reich, e di un'altra per l'estero di ore 2.

OHM KRÜGER

Poduzione: Tobis (1941). **Sceneggiatura**: Harald Bratt – Kurt Heuser, dal romanzo "MANN OHNE VOLK" di Arnold Krigger. **Interpreti**: Emil Jannings - Werner Hinz – Ferdinand Marian – Gisela Uhlen – Alfred Bernau – Lucie Höfflich – Otto Wernicke – Gustav Gründegens – Hedwig Wangel. **Fotografia**: Fritz Arno Wagner – Friedl Behn-Grund – Karl Puth. **Musica**: Theo Mackeben. **Regia**: Hans Steinhoff con la collaborazione di Herbert Maisch e Karl Anton.
Prima visione a Monaco il 4 Aprile 1941.
"Film della Nazione.";… "Film particolarmente raccomandato per il suo valore politico e artistico."
"Film raccomandato per il suo valore culturale."
"Film adatto alla formazione del popolo.";… "Film raccomandato per la gioventù."
"Film popolare."
Il VIA COL VENTO popolare.....la risposta di Babelsberg a Hollywood!

Il film più costoso di tutta la produzione realizzata fra il 1933 e il 1945... un'opera "SUPER" in tutti i sensi, che ebbe a disposizione un "budget" di 5.400.000 Reichmark; 50 attori fra i quali almeno 6 vedette; 40.000 figurazioni; 3 capi-operatore agli ordini di Fritz Arno Wagner; 2 registi già affermati al fianco di Steinhoff per realizzare le scene di massa.
Uno spettacolo "grandioso" di durata superiore alle 2 ore, durante il quale l'ex presidente dei Boeri, Ohm Krüger, ricoverato in una clinica di Zurigo perchè paralizzato, rievoca la lotta da lui capeggiata contro gli Inglesi, nel Transvaal, agli inizi del secolo.
Fin dall'inizio, il film procede grazie a un rapporto di forza costante, centrato soprattutto sul dolore... sulla rivolta... sulle umiliazioni... sullo sfruttamento... sulle ferite di un popolo di semplici contadini, in lotta contro la forza bruta e l'avidità del capitalismo, per esigenze di libertà, dignità, vita.
Steinhoff, ora con enfasi ora con furore, tenendosi a un realismo durissimo, che anche nelle pagine corali non accetta nè filtri nè veli tra macchina da presa e cronaca... cronaca spesso torva e straziata di tutti quegli eventi,

quasi si avvicina alla figura del portabandiera del destino di tutto un popolo, si ammorbidisce e ci presenta sì, l'uomo di Stato e il capo militare,

Ferdinan Marian ed Emil Jannings

ma anche lo sposo affettuoso, il padre esemplare, il camerata vicino di casa.

"Ohm Kruger", H.Vangel, A.Bernau ed E.Jannings

Di ciò, naturalmente, va dato grande merito anche a Jannings, il quale dà vita a una creazione "sensazionale" (senza il minimo sforzo), con una somiglianza fisica e in una comunità di spirito e di calore umano, da lasciare stupefatti. Non è necessario forzare il personaggio, perché è il suo... è lui... quindi non ha difficoltà a viverlo.

Poi viene la delicatezza intimistica degli attori che interpretano le figure dei familiari, che evocano e disegnano i loro stati d'animo con reazione e momenti di raccoglimento o di abbandono, solo con tratti leggeri sfumando accenti e contorni.

Tutti i personaggi comunque, si stagliano sempre saldi e prepotenti, come se si muovessero in un grande, lucidissimo affresco. Attorno a loro un paesaggio affidato alle cadenze di una vita rurale, segnato dai campi di concentramento... dagli accampamenti militari britannici... dalle scene epiche di battaglia fra Boeri e Inglesi.

Alcuni quadri, che sembrano tratti dal Vecchio Testamento, come la struggente rievocazione della nascita del Transvaal, o come quando la figura di Krüger appare sulla sommità di una collina per incitare i suoi uomini alla lotta e dice: **"Noi non abbandoneremo mai ciò che abbiamo ricevuto dai nostri padri..!"**, confermano in modo eloquente l'impegno narrativo, drammatico e stilistico, presente in ogni momento del film.

Si può dunque affermare che "tutto", ha collaborato all'affermazione di questa epica impresa cinematografica che, al di là di ideologie politiche e di barriere di confine tra i popoli, appartiene all'Arte (con la a maiuscola) di tutto il mondo.

NDR. a completamento delle notizie riguardanti il film, segnaliamo:

1-Presentato alla mostra Mostra d'Arte Cinematografica di Venezia, OHM Krüger si aggiudicò la Coppa Mussolini riservata al "Migliore film straniero."
2-Per ordine del Fürer, Emil Jannings ricevette da Goebbels "l'anello onorifico del cinema tedesco", e venne proclamato "artista di Stato."
3-Nel 1964, il film è stato nuovamente rieditato in Grecia, ottenendo un enorme successo di pubblico e di critica. Alle proteste dell'ambasciatore inglese, il quale definiva il film antibritannico, il Governo greco rispose che il film era stato regolarmente importato dal vicino Oriente e che nessun intervento a livello governativo, per impedire la circolazione della pellicola, era ammissibile.
4-David Stewart Hull su "FILM QUARTERLY": **"...io ritengo Ohm Krüger il migliore film, sul piano tecnico, realizzato dal regime nazista."**

5-Bardéche e Brasillach su "HISTOIRE DU CINEMA": "....dopo Krüger, Hans Steinhoff si è rivelato come la più forte personalità del nuovo cinema tedesco."

6-Hans Steinhoff sul "VOLKISCHER VIEOBACHTER" del 5 Marzo 1941: "L'idea di fare il film è stata di Jannings. Circa un anno fa egli mi inviò a Sölden, dove stavo ultimando le riprese di DIE GEIERWALLY, un soggetto ispirato alla figura di Krüger. Inutile dire che la lettura della storia suscitò subito il mio entusiasmo, al punto che immediatamente telegrafai a Jannings le mie felicitazioni, aggiungendo che ritenevo che al momento, nessun altro attore potesse incarnare meglio di lui la figura del capo dei Boeri. In seguito, durante le riprese del film, mi accorsi di non essere solo nel trovare le soluzioni più opportune per risolvere le inevitabili difficoltà della realizzazione, perché Jannings era sempre lì... accanto a me con preziosi consigli, a conferma di una profiqua e intelligente collaborazione, dalla quale, lo dico senza falsa modestia, è scaturita un'opera che ha già valicato con enorme successo le frontiere del Reich.

La verità storica ricostruita nel film si è attenuta "rigorosamente "ai soliti fatti... "nulla" è stato aggiunto e modificato in senso politico, ne fanno fede i giornali francesi, olandesi, belgi dell'epoca sui quali giorno dopo giorno per oltre due mesi, ho studiato e ricostruito la personalità di Krüger e la sua lotta contro la "perfida Albione ".

Ne è uscito un film importante, ricco di avvenimenti di un epoca parallela a quella che stiamo vivendo... un rapporto "vivo" con il presente! "

"Operette", Willi Forst e Maria Holst

OPERETTE

Produzione: Deutsche Forst Filmproduktion GmbH (1940). **Sceneggiatura**: Willi Forst – Axel Eggebrecht. **Interpreti**: Willi Forst – Maria Holst – Paul Hörbiger – Curd Jürgens – Leo Slezak – Dora Komar. **Fotografia**: Hans Schneeberger. **Musica**: Willy Schmidt – Gentner da brani di operette di Franz von Suppé, Johann Strauss, Carl Millöcker. **Regia**: Willi Forst. **Metri**: 3060.

Prima visione a Vienna il 20 Dicembre 1940.

"**Film raccomandato per il suo valore artistico e culturale**"

L'azione si svolge a Vienna nella seconda metà del diciannovesimo secolo, e narra la storia del pianista Franz Jauner il quale con la sua musica e i suoi valzer, conquista la città. I soliti luoghi comuni... gli amori del compositore... canti... balli e musica, tanta deliziosa musica.

La prima cosa che colpisce vedendo questo film, è l'evocazione di una galleria di personaggi, primari e minori, espressa con notazioni ora lucide e sottili, ora beffarde e mordenti.

Vi sono sequenze di delicata sensibilità, dovute a sprazzi di tonalità romantiche e d'epoca, le quali unite alla ricchezza di scenografie e costumi, contribuiscono alla creazione di questa "gustosa" pellicola, realizzata con indovinata grazia e spumeggiante brio.

Nell'ambito di un indovinatissimo gruppi di attori e una serie di interpretazioni alte, puntuali, di grande pregio, che trovano la loro focalizzazione centrale nella personalità del regista, produttore, co-sceneggiatore e protagonista Willi Forst.

NDR. In tutti i Paesi europei dove il film venne distribuito negli Anni 40, il successo ottenuto fu di proporzioni superiori a qualsiasi film musicale.

"Paracelsus", Werner Krauss

PARACELSUS

Produzione: Bavaria (1943). **Sceneggiatura**: Kurt Heuser. **Interpreti**: Werner Krauss – Mathias Wieman – Harald Kreutzberg – Martin Urtel – Herny Langewisch – Annelies Reinhold. **Fotografia**: Bruno Stephan. **Musica**: Herbert Windt. **Regia**: G.W. Pabst. **Metri**: 2916.

Prima visione a Salisburgo il 12 Marzo 1943

" Film particolarmente raccomandato per il suo valore artistico e politico."

Ancora una volta la vittoria del genio sull'oscurantismo, visto attraverso un episodio drammatico tratto dalla vita del celebre medico alchimista Theofrastho Bombastus von Hohenheim, detto Paracelso.

Il film appare ricco di situazioni colme di vita, di semplicità, di passione e di dolore, tutte filtrate attraverso l'inconfondibile gusto personale di un grandissimo "maestro" della macchina da presa quale Pabst.

Anche se non si tratta del "migliore" Pabst, resta innegabile che egli ha trovato egualmente modo di proporre un discorso descrittivo e popolare giovandosi, in particolare modo, del tocco "prezioso" della personalità artistica di un grande attore quale Werner Krauss.

Il racconto è preciso, emotivo, e le situazioni fatte di piccole storie, si concretano in un denominatore comune: la medicina e l'amore!

Il ritmo di recitazione organico e preciso, espresso con garbo e vivacità scenica, si fonde a perfezione con la struttura del film, vale a dire con scene, costumi e la spettrale musica di Herbert Windt.

"Der Postmeister", Hilde Krahl

DER POSTMEISTER

Produzione: Wien – Film GmbH (1940). **Sceneggiatura**: Gerard Menzel da una novella di Puskin. **Interpreti**: Heinrich George – Hilde Krahl – Siegfried Breuer – Hans Holt – Ruth Hellberg – Edwing Jurgensen . **Fotografia**: Hans Schineeberger. **Musica**: Willy Schmidt – Gentener. **Regia**: Gustav Ucicky. **Metri**: 2598.

Prima visione a Vienna 25 Aprile 1940.

Dunja, una splendida fanciulla figlia di un mastro di Posta, ha abbandonato il paese natio e, una volta giunta a Mosca è divenuta l'amante di un losco individuo. Il padre, che ignora tutto ciò, si reca in città per incontrare la figlia e questa, d'accordo con il suo seduttore, architetta un finto matrimonio per far si che il genitore felice e contento, se ne ritorni al paese. Poi... tutto procede regolarmente fino a quando Dunja, incapace di continuare a mentire, si trova sola e, disperata, si uccide.

Nonostante una certa teatralità dell'impostazione e un compiacimento di valori decorativi della composizione delle immagini, vada a scapito di più vitali esigenze di racconto, il film si presenta come un'opera significativa e di grande interesse, piena di vigore e di forza, grazie anche alla partecipazione di Heinrich George, il quale domina il racconto da principio alla fine calandosi a perfezione nel ruolo del protagonista, del quale riesce a esprimere le più riposte sfumature con impeto e calore.

Il lirico approfondimento e raccoglimento espressivo della sua "faccia", resta impresso nella memoria dello spettatore più esigente.

Oltre a questo, concorrono allo straordinario successo ottenuto dal film in tutta Europa, anche una Hilde Krahl qui più che mai piena di avvenente e prepotente femminilità, e la corretta e professionale regia di Gustav Ucicky.

"Rembrandt", Theodore Loss

REMBRANDT

Produzione: Terra (1942). **Sceneggiatura**: Kurt Heuser e Hans Steinhoff del romanzo "Zwischen Hell und Dunkel" di Victor Tornius. **Interpreti**: Ewald Balser – Hertha Feiler - Gisela Uhlen – Elisabeth Flickenschildt – Theodore Loss – Aribert Wäscher – Otto E.Hasse. **Fotografia**: Richard Angst. **Musica**: Alois Melichar. **Regia**: Hans Steinhoff. **Metri**: 2910.
Prima visione a Berlino il 17 Giugno 1942.

Il pittore Rembrandt, appassionato della sua arte, che gli ha dato celebrità e bellezza, ama intensamente la bella moglie Saskia e trascorre la vita in una continua esaltazione artistica e amorosa. Con l'improvvisa morte di Saskia, Rembrandt piomba in una profonda crisi morale e spirituale, e sembra incapace di reagire alle mene di nemici e creditori, i quali in breve tempo lo riducono in misera.
Sposatosi una seconda volta con una sua governante, non riesce a ritrovare la vena creativa di un tempo e, pur dipingendo ancora dei capolavori, termina la sua esistenza mendicando.
Girata in interni a Berlino (studi di Tempelhof e Babelsberg) e in esterni ad Amsterdam e l'Aja, questa pellicola di notevolissimo rilievo artistico apparve subito come una pagina cinematografica degna d'appartenere alla Storia del Cinema.
La ricerca ostinata dell'elemento pittorico d'epoca e d'ambiente... "perfettamente" riprodotti in un insieme di raffinati quadri dovuti alla "magica" fotografia di Richard Angst (uno dei più grandi direttori di luci del cinema del terzo Reich), emergevano lungo tutto l'arco del racconto in armoniosa "fusione" con l'ottima interpretazione degli attori e il disegno dei caratteri.
Una rappresentazione efficace... concreta... sensibile... pervasa di crudo realismo, resa memorabile da sequenze rigorosissime come quella degli ebrei usurai; quella dei messi giudiziari che pignoravano gli averi del pittore; quella del passeggio delle ragazze nella strada di Rembrandt nelle ore del crepuscolo. Una meraviglia!
Il precedente Rembrandt realizzato in Inghilterra nel '36 da Alexander Korda con Charles Laughtong nel ruolo del protagonista, di fronte al film di Steinhoff appariva come un prodotto di modestissima qualità (pur non essendolo)!

"Die Rothschilds", Carl Kuhlmann

DIE ROTHSCHILDS (AKTIEN AUF WATERLOO)

Produzione: UFA (1940). **Sceneggiatura**: C.M. Köhn – Gerhard T. Buchholz, da un'idea di Mirko Jelusich. **Interpreti**: Carl Kuhlmann – Hilde Weissner – Gisela Uhlne – Erich Ponto – Ursula Deinert – Albert Lippert . **Fotografia**: Robert Baberske. **Musica**: Johonnes Muller. **Regia**: Erich Waschneck. **Metri**: 2646.

Prima visione il 17 Luglio 1940 a Lipsia.

Francoforte sul Meno, Bruxelles, Parigi, Londra, Vienna... gli ebrei sono "ovunque" alla ricerca di profitti sempre maggiori, di usure sempre più onerose... agevolati in questo, anche dalla discordia fra le Nazioni europee.

Il loro opportunismo e la bramosia per il denaro non conosce limiti e per questo, sono pronti a commettere qualsiasi bassezza, qualsiasi crimine. Alcune frasi tratte dai dialoghi del film, testimoniano in proposito:

"Mentre il popolo versa il proprio sangue sui campi di battaglia, noi ebrei, dobbiamo essere pronti a speculare in Borsa!...";_oppure : **"Noi siamo come Dio!...."**; ancora : **"Tutto per il denaro!..."**.

L'avido speculatore di borsa, il banchiere ebreo Mayer Anselme Rothschild, fornisce al figlio Nathan, banchiere a Londra, un pacchetto di titoli per acquistare presso la Compagnia delle Indie orientali un grande quantitivo di oro da investire poi, nel mondo dell'alta finanza inglese.
Nonostante gli ostacoli messi in atto dai grandi banchieri londinesi per impedire una serie di affari commerciali fra Nathan Rothschild e la Tesoreria britannica, l'internazionale ebraica riesce a favorire il proprio membro e a far si che, una volta stabiliti stretti legami di interessi commerciali, il Rothschild approfitti del " privilegio" per esportare capitali e finanziamenti a favore della coalizione combattente contro la Francia.

Attraverso Parigi, l'Italia e l'Africa del Nord, i finanziamenti arrivano in Spagna... e allora si scopre che delle originarie 10.000 Lire inviate non ne restano che 5.500, ciò in seguito alle "manipolazioni" della Internazionale ebraica incaricata di "curare" la spedizione.

Poi arriva il più grosso colpo messo a segno da Nathan Rothschild: grazie a informazioni pervenutegli dai suoi amici ebrei egli è la prima persona del Regno Unito, a essere informato della sconfitta subita da Napoleone a Waterloo e subito fulmineamente, volge la notizia a suo favore... facendo circolare la voce che non Napoleone ma gli inglesi sono stati sconfitti a Waterloo.

Il conseguente panico assale la Borsa di Londra e gli permette di realizzare un affare di "gigantesche" proporzioni, comprando ciò che sarà valutato più di 1.000, una volta conosciuta la verità sull'esito della battaglia nella pianura belga.

Ma ormai è troppo tardi... i banchieri inglesi sono falliti e Nathan Rotschild è divenuto multimilionario.

Intenzionato a mostrare gli istinti, le reazioni, il "credo", della stirpe Semita, il film di Waschneck cerca di essere il più persuasivo possibile, approfondendo il carattere dei personaggi rappresentati con piena intuizione, attraverso una antologia di seguenze di eccellente fattura.

Queste le dimensioni del film, con l'aggiunta di una minuziosa ricostruzione scenografica di costumi e di validissime pagine spettacolari, le quali, unitamente al "marcato" impegno ideologico e politico dell'opera e alla recitazione incisiva, corposa e drammatica di Carl Kuhlmann, concorrono a suggestionare il pubblico con impressioni estremamente positive.

NDR. "BERLINER LOKAL-ANZEIGER" 18 luglio 1940:".... il film ha rappresentato fedelmente la realtà storica, documentata attraverso documenti inoppugnabili, escludendo ogni inserimento di "propaganda" a buon mercato, ed è l'esatta rappresentazione di ciò che il nome ROTHSCHILD ha significato per l'intera Europa.

Una vera calamità!...Un'epidemia atroce con relative conseguenze, raccontata con stile e grande sottigliezza sia sul piano tecnico che su quello artistico.

Karl Schönböck

TITANIC

Produzione: Tobis (1943). **Sceneggiatura**: Walter Zerlett-Olfenius. **Interpreti**: Kristen Heiberg - Sybille Schmitz – Hans Nielsen – Karl Schönböck – Carlotte Thiele –Otte Wernicke. **Fotografia**: Friedl Behn - Grund. **Musica**: Werner Eisbrenner. **Regia**: Herbert Selpin e Werner Klinger. **Metri**: 2467.

"**Film raccomandato per il suo valore politico e artistico**"

Il 16 Aprile 1912, il mondo viene informato di una terribile sciagura avvenuta nel mare del Nord: il Titanic, il gigantesco transatlantico più lussuoso del mondo, dopo aver urtato un colossale "iceberg" si è inabbissato portando con se oltre 1500 passeggeri.

Com'era potuta accadere una simile tragedia?... Aggiotaggio?... Speculazioni in borsa?... Una misteriosa maledizione che, si diceva, pesava sulla meravigliosa nave?
Una ripugnante "manovra" di Sir Bruce Ismay (il presidente della "White star line" proprietaria del bastimento) per evitare il fallimento della società dopo che questa aveva investito una fortuna nella costruzione del gigante del mare?
Interrogativi che troveranno una risposta nel finale del film, quando il primo ufficiale Petersen denuncerà, innanzi alla Commissione d'inchiesta i colpevoli.
Una storia vera, già portata sullo schermo nel 1929 dal celebre E.A. Dupont con il titolo "Atlantik", riproposta con enorme sforzo produttivo da un'industria cinematografica giunta all'apice della sua "funzionalità".
Di particolare intensità drammatica, apparivano le scene del naufragio (girate dal "vero" su una nave tedesca ancora nel porto di Gdynia) e del salvataggio dei passeggeri che si precipitavano verso le scialuppe... tanto che nel 1958 il regista inglese Rey Baker le "incorporerà" nel suo film "Night to Remember".
Notevolissima anche l'interpretazione di Otto Wernicke (il comandante) e di Sibylle Schmitz, definita da alcuni critici del dopoguerra:
"**una delle più grandi apparizioni di tutto il cinema..._vedere per credere**"(David Stewart Hull- pag 232 "A study of the german Cinema").

NDR.   A completamento delle notizie riguardanti il film, segnaliamo:

1-La tragica vicenda del TITANIC ebbe ripercussioni anche in seno alla realizzazione del film, quando per motivi di carattere politico – militare, il regista Selpin venne arrestato e Werner Klinger fu incaricato di condurre a termine le riprese.

2-Selpin per non subire l'onta di un pubblico processo, si tolse la vita nel carcere ove era detenuto, impiccandosi.

3-In data 7 Agosto 1943, il "Film - Kurier" pubblicava il seguente comunicato:
**"Il regista Herbert Selpin, avendo pubblicamente rivolto ingiurie ignobili contro i soldati e gli ufficiali tedeschi dislocati sui fronti di guerra, si è reso colpevole di un gravissimo attentato al morale dell' esercito. Per questo motivo, egli è stato arrestato in attesa di essere tradotto innanzi a una Corte di Giustizia.
La condotta di Selpin è apparsa oltremodo vergognosa, se si pensa che egli oltre a non avere preso parte né alla prima guerra mondiale, né a quella in corso, aveva ricevuto onore e gloria dal cinema tedesco, verso il quale doveva considerarsi fortemente obbligato.
Nella notte dell'Agosto scorso, Selpin ha messo fine ai suoi giorni nel carcere dove era detenuto. "**

4-Goebbels il 30 Aprile del '43 dopo aver visionato il film, ritenne che le scene di panico descritte così "magistralmente" potessero avere un effetto negativo sul morale della popolazione tedesca, già sottoposta a continui quotidiani bombardamenti aerei nemici, per cui proibì la distribuzione del film sul territorio del Reich.

Cosi... la pellicola ottenne la sola autorizzazione per l'esportazione all'estero, e venne proiettata in prima contemporanea a Firenze e Parigi, il 10 Novembre del '43.

Vi sarebbero ancora tanti, tantissimi, altri "grandi film" degni di essere qui menzionati, ma purtroppo questo non è possibile per motivi di spazio. Ciò non significa aver dimenticato titoli come :

WIENER BLUT
Produzione: Deutsche Forst Filmproduktion Gmbh(1942). **Sceneggiatura**: Ernst Marischka – Axel Eggebrecht. **Interpreti**: Willy Fritsch – Maria Holst – Hans Moser – Theo Lingen – Dorit Kreysler. **Fotografia**: Jan Stallich. **Musica**: Willy Schmidt – Gentner da brani di Johann Strauss. **Regia**: Willi Forst. **Metri**: 3034.

Prima visione a Vienna il 2 Aprile 1942.
Un diplomatico si reca a Vienna al Congresso della pace, per rappresentare gli interessi del suo piccolo paese. Nella capitale austriaca, fra una seduta e l'altra, trova modo di venire meno ai suoi doveri coniugali. La moglie, per ricondurre a se il marito, lo fa ingelosire e riesce nel suo intento contribuendo nel tempo stesso, al successo della missione diplomatica del coniuge.
Un'opera cinematografica degna della più alta tradizione della cultura musicale europea, incorniciata in una fastosa scenografia da un'intelligente e sensibile regia, da un adeguato commento musicale, da un'eccellentissima fotografia.
Inoltre, l'impresa deve considerarsi perfettamente riuscita per quanto si riferisce all'ambientazione : "il cartone"... non si vede; a Babelsberg non si pensa. Tutto ciò, aggiunge verità alla vicenda.

L'AUBE (1933) – "L'azione si svolge a bordo dell' "U-21", in missione speciale d'intercettamento di un incrociatore inglese, che trasporta in Russia rinforzi militari. Ucicky è per la cronaca "vera", per la ricostruzione meticolosa degli stati d'animo senza coloriture o accentuazioni, per la illustrazione di un discorso terribilmente drammatico, umano e avvincente, che tocca tutti gli uomini in armi. Un lavoro di forte impegno privo di qualsiasi retorica, dove l'estrema funzionalità delle immagini e il ritmatissimo montaggio, diventano parte essenziale di un discorso commovente, umano, anticonvenzionale."

TRAUMULUS (1936) – "Particolarmente raccomandato per il suo valore artistico".
"Particolarmente raccomandato per il suo valore politico".
"Gran Premio Nazionale del Cinema"
... "Un'impeccabile sobrietà di stile al servizio di una storia profonda, carica di intima tensione drammatica.
Un gusto preciso negli accuratissimi ambienti, nelle studiatissime inquadrature, nelle rifinite scenografie interne ed esterne, al fine di creare un'opera tecnicamente valida ed esteticamente gradevole".

VERRÄTER (1936) – "Particolarmente raccomandato per il suo valore politico e artistico" – "Film adatto alla formazione del popolo"
"Premio alla Mostra Internazionale d'Arte Cinematografica di Venezia per ... "Le sue eccezionali qualità".

VÖLKISCHER BEOBACHTER (9 Settembre 1939) : "... questo film non ha nulla da invidiare ai migliori film americani del genere, a quei film che costano fior di milioni e che si diceva, da noi non si potevano fare. Ritter ha dimostrato che non è vero! Anche da noi, nel Reich, si possono fare film di primissimo ordine, spettacoli che riescono a tenerti inchiodato alla poltrona sino alla fine, in preda a grande commozione".

PATRIOTEN (1937) – "... Particolarmente raccomandato per il suo valore politico e artistico"... " Premio alla Mostra d'Arte cinematografica di Venezia".
Patrioten è un esempio di misura e di buon gusto che deve essere salutato con molto entusiasmo per il ritmo e l'incisività del linguaggio realistico che, a volte, riesce a portare a livelli di grande emotività, sequenze che potrebbero essere solamente spettacolo."

DIE KREUTZERSONATE (1937) : "... il primo grande successo artistico di Veit Harlan. Un linguaggio d'immagini vivaci e vincolanti, impregnate d'intima atmosfera, grazie al nuovo stile messo in atto nel dirigere il "set".

KÄUTSCHUK (1938) di von Borsody. "Raccomandato per il suo valore politico e artistico". Georges Bateau su "Paris-Soir": "Un vero capolavoro dello schermo".

DER FLORENTINER HUT_(1939) : "... un film che si lascia piacevolmente vedere, con curiosità e interesse. Di particolare rilievo la sequenza dove Heinz Rühmann, introducendo un "flash -back" lo commenta direttamente con il pubblico. Bravo Libeneiner!.."

"Das Unsterbliche Herz", di Veit Harlan con P.Henckels, K. Söderbaum e P.Wegener

DAS UNSTERBLICHE HERZ_(1939) – Film 13/7/40 : "... una pellicola di forte impegno, tesa, compatta, precisa, alla quale si resta "agganciati". Per la sicurezza della tecnica e il gusto meditato dello stile (sciolto, moderno e senza impacci), sapevamo di trovare in Harlan un maestro, cosa che viene ulteriormente confermata in questa opera di vasta portata spettacolare."

DIE GEIERWALLY (1940) – "... Una storia avvolta da un magico fascino, sulla quale pesa una inquietante fatalità... fatalità che la sapiente direzione di Steinhoff narra con "realismo" quasi documentario (il folclore dei Walli e dei canti Tirolesi) al fine di farne partecipe lo stesso pubblico. Onorato con le menzioni di **"Film popolare"** e **"Film raccomandato per il suo valore artistico"**, il film è entrato con pieno merito nelle pagine delle Enciclopedie cinematografiche mondiali. Berlino... New York... Roma... Parigi... Stoccolma... Zurigo, "ovunque", un successo "travolgente".

"U-Boote", Herbert Windt

U-BOOTE WESTWÄRTS (1941) di Günther Rittau "... film di stile documentaristico, che si attiene a una minuziosa descrizione dell'ambiente e degli uomini. Eccellente materiale umano, con i suoi drammi, i suoi eroismi, le sue paure, i suoi pensieri, il suo spirito combattivo. Da ciò scaturisce con concreta evidenza, la grandiosità degli eventi di cui i marinai tedeschi sono partecipi".

FRIEDEMANN BACH (1941) – "... una stupenda prova di recitazione da parte degli attori. Eugen Klöpfer (J.S. Bach) perfetto, dignitoso, misurato da una minuziosa credibilità. Camilla Horn, nel ruolo di una "femmina" dall'espressività penetrante, si sa destreggiare egregiamente coadiuvata anche da una generosa scollatura che lascia intravvedére un turgido seno. Infine Wolfgang Liebeneiner (E. Bach), un ulteriore straordinario risultato cui la galleria dei tanti differenti personaggi da lui interpretati, ci ha ormai abituato."

DER STROM_(1942) – **"Film Popolare"** – **"Film raccomandato per il suo valore politico e_artistico"**. "Il più interessante film di Rittau...! Una delle opere più convincenti di tutta la produzione cinematografica...! Una funzionale fusione di valori visivi, fonici e ritmici...! Una storia di emozionante esasperazione e drammaticità, condotta con ritmo tormentato e serrato fino alla tragica conculsione...! I cieli grigi e bassi... la visione della campagna inondata che si estende a perdita d'occhio... la breccia di venti metri apertasi nella diga che protegge il piccolo villaggio di Glauchow... le "facce" di uomini, donne e bambini, sono magnifiche. Mai visto niente di simile, negli ultimi 10 anni!

WEN DIE GÖTTER LIEBEN (1942) – **"Particolarmente raccomandato per il suo valore politico e_artistico"**. Il Prädikat attribuito ai film di "qualità", ha trovato in questa pellicola dedicata alla vita di Mozart, una giustificazione "eccellente", perchè era da tempo che non si vedeva sullo schermo un ritratto umoroso di gente, di costumi e di usi, di cosi intensa umanità... e verità."

ROMANZE IN MOLL (1943) – **"Particolarmente raccomandato per il suo valore politico e artistico"**. **"Premio dei critici cinematografici svedesi per il migliore film straniero"**.

"..... è la storia del tragico suicidio di una borghese di provincia, presa fra l'amore per il marito e quello per l'amante. Helmut Käutner ha dimostrato che anche durante il cosidetto cinema di propaganda di Goebbels, in Germania si potevano realizzare film fortemente umani e pungenti, con risultati esemplari.
Louis Marcorelles su "Cahiers du cinema" : **"...un sottile profumo di morte e di decadenza_pervade il film."** "Star-Reveu" dell 22/11/1955 : **"... nulla è lasciato al caso; tutto è ricreato in funzione di una atmosfera impalpabile, degna del migliore Maupassant."**

"FILM" del 13/7/1949 : "... **La direzione degli attori è magistrale. Marianne Hoppe mette a nudo un grande temperamento d'attrice d'alta classe;**

Paul Dahlke è semplicemente esemplare; quanto a Ferdinand Marian, la sua recitazione resta un modello d'intensa umanità."
Sadul su "Dictionnaire des Film" : "... **il solo grande film prodotto in Germania durante la guerra.**"

DIE STRASSE DES BÖSEN (1944). David Stewart Hull su "Studio del Cinema Tedesco 1933-45" : **"Bravo von Baky. DIE STRASSE DES BÖSEN è un film perfettamente riuscito, che comprende alcune sequenze "eccezionali" mai viste prima sugli schermi.**

UNTER DER BRÜCKEN (1945) – "... una storia piena di valori veristici e drammatici, che il regista Käutner ci racconta in modo secco, essenziale, donandoci un'antologia di sequenze di eccellente fattura. Nell'ambito di una precisa ricerca di stile scuola francese, egli scava nell'anima dei suoi personaggi per vedere " dentro", seguendo una matrice lenta e fluida, al fine di presentarli in modo rude e realistico."

E ancora:

FLUCHTLINGE (1933) di Gustav Ucicky; **EIN MANN WILL NACH DEUTSCHLAND** (1934) di Paul Wegener; **HUNDERT TAGE** (1934) di Franz Wenzler; **GOLD** (1934) di Karl Hartl; **DER SCHIMMELREITER** (1934) di Curt Oertel e Hans Deppe; **DER HOHERE BEFEHL** (1935) di Gerhard Lamprecht; **DER KAISER VON KALIFORNIEN** (1936) di Luis Trenker; **STANDSCHÜTZE BRUGGLER** (1936) di Werner Klinger; **IM TROMMELFEUER DER WESTFRONT** (1936) Willy Kaiser; **FAHRMANN MARIA** (1936) di Frank Wysbar; **EIN VOLKSFEIND** (1937) di Hans Steinhoff; **TOGGER** (1937) di Jürgen von Halten; **DER KATZENSTEG** (1937) di Fritz Peter Buch; **CONDOTTIERI** (1937) di Luis Trenker; **CAPRIOLEN** (1937) di Gustav Gründgens; **HEIMAT** (1938) di Carl Froelich; **VERWEHTE SPUREN** (1938) di Veit Harlan; **CAPRICCIO** (1938) di Karl Ritter; **DER TIGER VON ESCHNAPUR** (1938) di Richard Eichberg; **DIE REISE NACH TILSIT** (1939) di Veit Harlan; **WASSER FUR CANITOGA** (1939) di Herbert Selpin; **DIE BARMHERZIGE LÜGE** (1939) di Werner Klinger; **DAS LIED DER WÜSTE** (1939) di Paul Martin;

"Feinde" con Willy Birgel e Brigitte Horney

FEINDE (1940) di Viktor Tourjansky; **DER FEUERTEUFEL** (1940) di Maw W. Kimmich; **DAS ANDERE ICH** (1941) di Wolfgang Liebeneiner; **ANNELIE** (1941) di Josef von Baky; **FRAUEN SIND DOCH BESSERE_DIPLOMATEN** (1941) di George Jacoby; **MEIN LEBEN FUR IRLAND** (1941) di Max W.Kimmich; **CARL PETERS** (1941) di Herbert Selpin; **KAMERADEN** (1941) di Hans Schweikart; **KOPF HOCH,_JOHANNES!** (1941) di Viktor De Kowa; **JAKKO** (1941) di Fritz Peter Buch; **GEHEIMAKTE WB I** (1942) di Herbert Selpin.

"Andreas Schlüter" con Heinrich George

ANDREAS SCHLÜTER (1942) di Herbert Maisch; **ZWEI IN EINER_GROSSEN STADT** (1942) di Volker von Collande; **G.P.U.** (1942) di Karl Ritter; **ANUSCHKA** (1942) di Helmut Käutner; **GERMANIN** (1943) di Max W. Kimmich; **DES UNENDLICHE WEG** (1943) di Hans Schweikart; **DIE AFFAIRE ROEDERN** (1944) di Erich Waschneck;

DAS HERZ MUSS SCHWEIGEN (1944) di Gustav Uciky; **DIE FRAU MEINER TRÄUME** (1944) di George Jacoby.

"Die Frau Meiner Träume" con Marika Rökk

GLI ARTISTI

HANS ALBERS

Nato ad Amburgo il 22 Settembre 1892, dopo una sfortunata esperienza nel commercio, Hans Albers si unì giovanissimo a un gruppo di attori girovaghi e, nel 1914, ottenne una scrittura allo Schauspielhaus di Amburgo.

Dopo la prima guerra mondiale, convalescente a Berlino, scoprì il suo talento comico... che in breve gli aprì le porte del Metropol Theater, della Komische Oper e di altri teatri di operetta e rivista, nelle vesti di comico, cantante, caratterista e perfino acrobata.

Nel 1926 entrò al Deutsches Theater dove venne notato da un impresario che crebbe in lui e lo lanciò. Tappe di un crescente successo, furono: VERBRECHER con Klein, I RIVALI con Piscator, PEER GYNT, L'IMPERATORE D'AMERICA (alla Reinhardt-Bühne di Vienna) e LILIOM con Molnar.

L'incontro di Albers con il mondo del cinema avvenne nel 1929, vale a dire nei tempi in cui i registi cinematografici per trovare i loro attori, erano "costretti" ad attingere al teatro... anche se non sempre, i prescelti potevano fornire sufficienti garanzie "artistiche".
Bastava possedere il "physique du role" poi... si poteva egualmente aspirare alla celebrità costruendola sulla reclame e sul fascino fisico.
Il solo talento non ha mai garantito il successo di una carriera cinematografica... ciò trovò conferma nel 1929, quando Carl Froelich chiamò Albers ad interpretare un ruolo nel suo DIE NACHT GEHÖRT UNS. Sulla scia di questo film, nel '30 fu Josef von Sternberg a inserire Albers che si vide scritturare per un ruolo di grande impegno, nella pellicola di Heinz Hilfert dal titolo DREI TAGE LIEBE (1931).

Seguirono BOMBEN AUF MONTE CARLO – DER SIEGER – DER WEISSEDÄMON (tutti nel '32), nei quali Albers pur non rivelando grandi qualità recitative, riuscì a imporre lo "charme" del suo aitante fisico conquistandosi le simpatie del grande pubblico... sopratutto femminile.
Di ciò si ebbe conferma nel '34 quando l'attore amburghese, che nel frattempo aveva interpretato numerosi altri film di scarsa importanza, venne chiamato da Karl Hartl per sostenere il ruolo di protagonista, al fianco di Brigitte Helm, nel film fantascientifico GOLD. Era una pellicola che precorreva il genere in voga oggi, perché trattava di un alchimista che si serviva di un gigantesco reattore nucleare sottomarino, per trasformare il rozzo metallo in oro raffinato.

Successivamente, a cavallo fra gli anni '35-38, ci furono una nutrita serie di apparizioni di Albers in film senza rilievo fino a quando, nel '38, avvenne lo "storico" incontro con il regista Herber Selpin, dal quale prese il via una collaborazione che si protrasse, fra il '38 e il '41, per la realizzazione di 5 film. SERGENT BERRY – WASSER FÜR CANITOGA – EIN MANN AUF ABWEGEN – TRENCK DER PANDUR – CARL PETERS, sono titoli di film che segnarono per Hans Albers un periodo di enorme popolarità... popolarità

che lo portò in vetta alle classifiche cinematografiche europee, anche perché in tutti i film su citati, egli "incarnava" il ruolo dell'eroe.
Da sottolineare che sempre nel '38, Albers ebbe la fortunata opportunità di essere diretto da Jacques Feyder in un film di coproduzione franco-tedesca dal titolo FAHRENDES VOLK, nel quale lo affiancavano attrici come Francoise Rosay e Camilla Horn.

Ma la vera "magica" occasione cinematografica Albers la ebbe nel '42, quando in occasione del venticinquesimo anniversario della sua fondazione, l'UFA decise di realizzare (in Agfacolor), una produzione di alto prestigio basata sulle straordinarie e fantastiche avventure del barone di Münchhausen. La regia del film venne affidata a Josef von Baky, il quale scelse Hans Albers quale protagonista, contornandolo del "meglio" fra gli attori del firmamento cinematografico tedesco dell'epoca (Ilse Werner, Brigitte Horney, Ferdinand Marian). E qui, è doveroso dirlo, Albers riuscì a raggiungere l'apice delle sue passate e future interpretazioni, con una spontaneità e una disinvoltura di altissima qualità.

Poi, all'inizio del '44, Hans Albers e Ilse Werner si ritrovarono di nuovo insieme, protagonisti di GROSSE FREIHEIT NR.7 (meglio conosciuto come LA PALOMA), per la regia di Helmut Käutner.
Una storia ispirata a un romanticismo vecchia maniera, opportunamente dosata con realismo, sentimento e moralità, con l'aggiunta dei luoghi più suggestivi di Amburgo (fotografati in Agfacolor) e per di più Albers che cantava due dei suoi più grandi successi (LA PALOMA e AUF DER REEPERBAHN NACHT UM HALB EINS), non poteva andare incontro che a un enorme trionfo... trionfo che si è protratto sia in Germania che all'estero anche nel dopoguerra.

Terminate le riprese del film di Käutner, Albers nel '45 si trasferì a Praga, per interpretare una storia giallo-psicologica mai ultimata, causa la improvvisa morte (er incidente aereo) di Hans Steinhoff, il regista del film.
In seguito... il precipitare degli eventi lasciò Albers "indenne"... raro caso di molestie, angherie, lager e denazificazione.

Ciò permise a questo "supervalutato" e "superfortunato" attore (l'equivalente di un Fred Mac Murray, di un George Brent, di un Joel McCrea), di rimettersi rapidamente al lavoro.

Marianne Hoppe

MARIANNE HOPPE

"Attrice di Stato".

Nata a Rostock il 26 Aprile del 1911, dopo avere studiato presso il Königin Luise-Stift di Berlino e alla Handelsschule di Weimar, la Hoppe entrò al Deutsche Theater dove lavorò fino al 1935, data in cui si trasferì allo Staatstheater per una collaborazione che durò ininterrottamente fino alla fine del 1944.

Attrice dotata di raffinata e soave eleganza, la Hoppe ebbe modo di affermarsi anche come attrice cinematografica a partire dal '35, nonostante le possibilità offertele non fossero sempre pari al suo talento. La sua preziosa e inquieta duttilità, ebbe modo di venire "fuori" nella sapiente e maliziosa interpretazione che ella profuse nel banale personaggio di OBERWACHT MEISTER SCHWENKE ('35), che fece trasparire, pur nella mediocrità del film, le sue grandi qualità di attrice.

Nel '37 apparve in DER HERRSCHER, di Harlan, un robusto conflitto sostenuto da interpreti insigni (accanto alla Hoppe era Jannings, premiato a Venezia come migliore attore per il ruolo sostenuto nello stesso film).

Poi... dopo le parentesi di CAPRIOLEN ('37); GABREILE EINS ZWEI, DREI ('37); KONGO EXPRESS ('39); eccola dare vita a una figura classica della narrativa tedesca; Effi Briest, in DER SCHRITT VOM WEGE ('39) di Gustav Gründgens (suo marito).

Qui la Hoppe forniva una ulteriore prova della sua aristrocratica misura stilistica, disegnando minuziosamente stati d'animo e psicologie rispecchianti i sentimenti e le realtà umane.

Dall'incontro della Hoppe con Käutner doveva nascere, nel'41, il personaggio di quella "fidanzata di guerra", protagonista di AUF WIEDERSEHEN FRANZISKA, che avrebbe portato Marianne Hoppe alla celebrità mondiale. La sua fu l'incarnazione della donna tedesca per "eccellenza"... interpretazione che le conquistò le simpatie di milioni di madri di famiglia che vedevano espressi sullo schermo, gli stessi sentimenti e le stesse situazioni che accompagnavano la loro esistenza di guerra.

Anche la successiva collaborazione con Käutner in ROMANZE IN MOLL ('43), vide la Hoppe indossare con intensa personalizzazione i panni della protagonista, fornendo un'interpretazione convincente e precisa. ICH BRAUCHE DICH ('44) e DAS LEBEN GEHT WEITER ('45) incompiuto, segnarono la fine del periodo aureo nella luminosa carriera della Hoppe... un'interprete umana e commovente, carica di spontanea vitalità, che seppe sempre mettere in risalto la sua alta levatura artistica e quel supremo potenziale drammatico che aveva in sè.

Brigitte Horney

BRIGITTE HORNEY

Attrice d'intenso temperamento ma anche di più estrosa e a volte umoristica tessitura, la Horney, nata a Berlino il 29 Marzo 1911, esordì sullo schermi in ABSCHIED (1930), ma stentò ad affermarsi, per quella sua maschera dura e spirituale a un tempo, segnata da una rigidezza quasi mongolica.

Dopo un lungo tirocinio con film di scarso rilievo : RASPUTIN ('32) ; HEIDESCHULMEISTER UWE KARSTEN ('33); DER KÖNIG DER MONT-BLANC ('34); DER GRÜNE DOMINO ('35); SAVOY HOTEL ('36); DER KATZENSTEG ('37); DU UND ICH ('38); AUFRUHR IN DAMASKUS ('39), attraverso i quali l'attrice maturò con interpretazioni di ruoli di contadina e montanara, congeniali alla sua ritrosia fiera e selvaggia, "finalmente" giunse il film che doveva assicurarle fama internazionale.

L'incontro con Hans Schweikart, il regista che si apprestava a dirigere BEFREITE HÄNDE, fu "determinante" per il futuro di Brigitte Horney, perchè con la sua interpretazione nel film citato, ella dimostrò di poter evolvere e ampliare la gamma delle sue "notevoli" possibilità... tanto che successivamente, la incontreremo nelle vesti di dama esotica, misteriosa avventuriera, aristocratica d'alto lignaggio, etc.
Anche in altre interpretazioni a forti tinte drammatiche, come in DER GOUVERNEUR ('39), DAS MÄDCHEN VON FANÖ e FEINDE ('40), confermò di essere attrice personalissima, nel registro di quell'asprezza misteriosa che fino dal suo debutto l'aveva contraddistinta.
Nel '42 interpretò ILLUSION e GELIEBTE WELT, poi apparve in ben diversa chiave, nella pittoresca favola del MÜNCHHAUSEN di von Baky, nel '43.

A partire dal 1944 il suo volto rimase assente dagli schermi per inspiegabili motivi, e quando nel '49 riprese il lavoro, le vennero affidate solamente piccole parti di carattere.
La Horney, era moglie dell'operatore Konstantin Irmen-Tschet uno dei "maghi" della fotografia del cinema tedesco.

EMIL JANNINGS

Sono ancor oggi convinto che quel giorno... quel tristissimo, grigio e piovoso giorno del lontano 2 Gennaio 1950, sul roseo volto di Emil Jannings facevano ancora spicco la luminosità degli occhi azzurri e la dolcezza del suo sorriso, quasi a volere mitigare il dolore di coloro che lo attorniavano, per la sua imminente dipartita. Lo ricordo sorridente, fra l'ironico e lo stupefatto, quando nel 1941 giunto a Roma in compagnia della moglie, dovette sottostare all'assalto di cineprese, riflettori, microfoni, flash, e naturalmente giornalisti.

Incredulo ed emozionato per tutto il chiasso che gli si faceva attorno... anche se ci era abituato, con squisita solidarietà e sensibilità umana, si prestò per soddisfare le esigenze della "stampa"... creando un'atmosfera cameratesca, inconsueta per una conferenza stampa.

Nato a Rorschach (Svizzera) il 23 Luglio 1884, Jannings, come lui stesso raccontava, fin da ragazzo fu attratto dal mondo del teatro con il quale prese contatto attraverso compagnie di guitti nomadi. Fu un tirocinio duro, pieno di sacrifici, ma utile... perché gli fece acquisire esperienze delle quali il giovane seppe far tesoro per potersi poi esibire come attore sulle scene di Rudolstadt, Halle, Stettino, Bonn, Königsberg, Norimberga (dove strinse amicizia con Werner Krauss), Darmstadt, Brema e finalmente Berlino. Nel 1914, al Deutscher Theater con Max Reinhardt, ebbe modo di rivelare le sue eccezionali qualità facendo "efficacemente" trasparire l'inconfondibile temperamento, traboccante di sanguigna vitalità, di senso godereccio dell'esistenza, di ottimismo, di umorismo cordiale.

Sembrava che autori come Goethe, Schiller, Kleist, Wedekind, e Goering, avessero scritto "su misura" per lui.

Per il suo debutto nel cinema (fra il 1915 e il 1919) ebbe come padrini gli "illustri" Robert Wiene (3 film) Ernst Lubitsch (4 film), i quali seppero intuire quali possibilità di stilizzazione in chiave grottesca, si celavano nel già ridondante istrionismo (tendenzialmente naturalistico) del grande attore.

In quel periodo Lubitsch stava definendo la formula del film a sfondo storico, imperniato su celebri personaggi del passato, audacemente ritratti "in pantofole", in un clima di piccante pettegolezzo e persino di grossolana caricatura. Alla fortuna di tale impostazione, Jannings diede un contributo determinante con le sanguigne caratterizzazioni di due sovrani : il Luigi XV di MADAME DUBARRY (1919) e l'Enrico VIII di ANNA BOLEYN (1920).

Dello stesso stampo, pur nel prevalere dei toni drammatici, furono le successive interpretazioni in DAS WEIB DES PHARAO, sempre con Lubitsch, e in una serie di pellicole in costume di Buchowetzki : DANTON (1920) – DIE BRÜDER KARAMAZOFF (1921) – OTHELLO (1922) – PETER DER GROSSE (1923). Nel 1924, fra la co - regia di ALLES FÜR GELD (anche interpretazione) e la chiamata a Roma per vestire i panni del massiccio

Nerone nel film "QUO VADIS?" di George Jacoby, si collocava la sua partecipazione a tre film attraverso i quali sembrava sinteticamente delinearsi l'evoluzione del cinema tedesco (colto nel suo momento più critico), in seno alle nuove "correnti" che i film rappresentavano l'espressionista DAS WACHSFIGURENKABINETT di Paul Leni, fra le cui contorte scenografie si situava, con finalità dichiaratamente comiche, l'esasperata recitazione di Jannings nella figura caricaturale del panciuto califfo di Bagdad : DER LETZTE MANN di Murnau, apogeo del flm-kammerspiel, nella cui atmosfera programmaticamente naturalistica ma a tratti percorsa da echi espressionistici, si collocava l'accorata caratterizzazione del patetico portiere d'albergo degradato a custode di un gabinetto di decenza; infine NJU di Czinner, fra le cui sottigliezze realistico - psicologiche, ultimo retaggio del film - kammerspiel e dell'ultimo scorcio del muto, emergeva un personaggio estremamente congeniale ai mezzi di Jannings.

Seguì TARTÜFF con Murnau (1925), dove l'attore con stupefacente versatilità traduceva plasticamente l'abbietta ipocrisia del personaggio molieriano, e FAUST (1926) dove dava vita a un iperbolico Mefistofele, più irritante che agghiacciante... un film che rappresentò un punto d'arrivo nell'evoluzione della sua recitazione.

E che dire dell'ingenuo e sciagurato Boss cui Jannings dette vita nel celebre VARIETE' (1925) di Dupont, forse la figura più "coerente" fra quelle create dall'attore, per l'aderenza del suo tipo fisico al personaggio sempre sottolineata da una vasta gamma di notazioni psicologiche. Nel '26, Jannings venne chiamato a Hollywood dove, fra l'altro, interpretò THE WAY OF ALL FLESH e THE LAST COMMAND (1928) con Josef von Sternberg, THE STREET OF SIN con Maurice Stiller e THE PATRIOT di Lubitsch, nel 1929. Nel '30 Jannings rientrò definitivamente in Germania per "disegnare", in DER BLAUDE ENGEL di Sternberg, l'indimenticabile stilizzazione patetica della decadenza dell'integerrimo prof. Rath.

Anche con l'avvento del sonoro, la recitazione di Jannings risultò prodigiosamente valida e ciò gli valse, nella considerazione della più qualificata critica internazionale, l'appellativo di "**... massimo attore dello schermo mondiale.**"

Fra le molteplici interpretazioni che videro Jannings impegnato sul set del cinema nazionalsocialista, oltre a : DIE ABENTEUER DES KÖNIGS PAUSOLE (1933); DER SCHWARZE WALFISCH (1934); DER ZERBROCHENE KRUG (1937);

"Der Zebrochene Krug" E. Jannings

ALTES HERZ WIRD WIEDER JUNG (1943) ci furono film che rappresentarono il punto culminante nell'evoluzione della sua recitazione e una vera e propria conquista stilistica per il cinema tedesco. DER ALTE UND DER JUNGE KÖNIG- TRAUMULÜS – ROBERT KOCH, DIE BEKÄMPFER DES TODES – OHM KRÜGER – DER HERRSCHER – DIE ENTLASSUNG, sono titoli di film che resero Jannings popolarissimo fra il pubblico di tutto il mondo e portarono il cinema tedesco a pari livello di quello hollywoodiano. Particolarmente felice fu l'incontro Jannings-Steinhoff sul set di DER ALTE UND DER JUNGE KÖNIG (1935), dove l'attore si cimentò nel ruolo del re di Prussia Federico Guglielmo I. Il film portò di balzo l'attenzione mondiale sul nuovo cinema tedesco.
Parliamo ora di TRAUMULÜS (1936), diretto da Carl Froelich, film che conobbe un esaltante successo in Germania e all'estero, per la sobrietà dello stile che s'accordava a perfezione con l'atmosfera che pervadeva il racconto e la recitazione di Jannings. TRAUMULUS meritò le menzioni di : **"Particolarmente raccomandato per il suo valore artistico"** e **"Particolarmente raccomandato per il suo valore politico"** .

Successivamente, nel 1937, Jannings e Harlan realizzarono DER HERRSCHER, uno strepitoso successo artistico e commerciale di portata mondiale, film che rappresentò ufficialmente il cinema tedesco alla Esposizione Internazionale di Parigi, sempre nel '37.

L'interpretazione di Jannings in DER HERRSCHER (impersonava un magnate dell'industria siderurgica) risultò di una forza espressiva impressionante... "sicuramente tale da suggestionare" le platee cinematografiche internazionali, e valse al grande artista e al film una serie di riconoscimenti di alto prestigio. (REICHSFILMKAMMER: **"Il primo film della nuova era cinematografica tedesca"**. – Appellativo del "pradiktat" accordato al film: **"Film_particolarmente raccomandato per il suo alto valore politico e artistico"**.- Premio Nazionale del Cinema Tedesco 1937 – HITLER dopo essersi personalmente felicitato con Jannings disse: **"Un'opera che reca onore e prestigio al Reich"**).

In ricordo del precedente successo di DER ALTE UND DER JUNGE KÖNIG, nel '39 il binomio Jannings-Steinhoff si ricompose nuovamente per realizzare una biografia filmata della vita e dell'opera di Robert Koch, il grande scienziato tedesco.
Ci limiteremo a dire, che fu una "incarnazione" straordinaria... un trionfo eclatante per l'attore, per il regista e per il film... film che presentato alla Mostra d'Arte Cinematografica di Venezia, guadagnò il Gran Premio assegnato al **"migliore film internazionale"**.

Nel successivo 1941, ancora Jannings - Steinhoff... ancora un film di grandissimo valore artistico e commerciale... ancora riconoscimenti (Mostra d'Arte Cinematografica di Venezia – COPPA MUSSOLINI per il **"migliore film straniero"**), premi (Premio Nazionale del Cinema Tedesco 1941), menzioni (Accademia di Svezia: **"film che onora e innalza l'arte cinematografia"**), per il loro OHM KRÜGER.

OHM KRÜGER venne definito il film di Jannings, perchè egli ne fù l'ispiratore, l'autore del soggetto, il direttore della produzione, il supervisore artistico. Di conseguenza, il trionfo del film equivalse ad uno dei grandi trionfi della sua carriera.

Poi, nel '42, per la regia di Wolfgang Liebeneiner eccolo nei panni di Bismarck, protagonista di DIE ENTLASSUNG. Due dati significativi, parlano eloquentemente di questo film: primo, la brouchure che illustrava il prodotto sui mercati esteri diceva: "... E'un film di Jannings!... Un film di Jannings non ha bisogno di slogans pubblicitari!"; secondo: il film dopo un anno di programmazione registrò un incasso di 6 milioni di Reichsmark data l'affluenza in massa del pubblico.

Il pradikat di DIE ENTLASSUNG era il seguente: "**Film particolarmente raccomandato per il suo alto valore politico, artistico e culturale**"; "**Film della Nazione**"; "**Film popolare**"; "**Film raccomandato per la gioventù**"; "**Film adatto alla formazione del popolo**".
Poi quando già si addensavano sulla Germania i bagliori del crepuscolo, nel 1944, Jannings ormai sessantenne, tornò di nuovo innanzi alla macchina da presa per un film rimasto incompiuto per cause belliche, del cui materiale si sono perse le tracce dopo il 1945.

E affinchè non sussistano dubbi su una possibile "strumentalizzazione" politico - propagandistica da parte dell'autorità dell'epoca, aggiungiamo che nel 1963 il film è stato rieditato con il titolo ISCHICKSALSWENDE ottenendo nuovamente grande successo di pubblico e di critica... tanto

E.Jannings e la moglie accolti festosamente a Hollywood

che il "Katholischer Filmdienst", ancora oggi, **"lo raccomanda come film stimolante, degno di essere visto soprattutto dai giovani!"**.

Amareggiato, stanco e malato, a fine Aprile del '45 Jannings si ritirò nella sua proprietà di campagna a Salzkammergut, dove trascorse anni di desolata malinconia (fra l'altro fu particolarmente colpito dalla notizia della tragica scomparsa, in un lager sovietico, del suo grande amico e "rivale artistico" Heinrich George), fino a quando il suo generosissimo cuore cessò di battere.

Era il 2 Gennaio 1950. Senza dubbio, era scomparso uno dei più "potenti" e "completi" attori di carattere che il cinema di "tutti" i tempi abbia avuto. Apparteneva alla "razza" degli stupendi istrioni la cui arte non conosce limiti... per la suggestione, dell'inaffidabile fiuto, nel saper cogliere il "meglio" dei più esuberanti mezzi espressivi. Lo ricordino bene e con grande "onore"... soprattutto le nuove generazioni del cinema tedesco.

NDR.   Nel corso della sua "luminosissima"carrera, Jannings ricevette fra l'altro; Premio OSCAR (migliore attore) per il film "THE WAY OF ALL FLESH". Hollywood 1928; Premio OSCAR (migliore attore) per il film "THE LAST COMMAND". Hollywood 1929; Coppa VOLPI (migliore attore) per il film "DER HERRSCHER". Mostra d'Arte Cinematografica di Venezia 1937; "Anello onorifico al cinema tedesco" e nomina a Kultursenator, per l'interpretazione di "DER HERRSCHER". Berlino 1937; Diploma dell'Accademia di Svezia. Stoccolma 1937.

"Der Alte Und Der Junge Konig"

E inoltre; In occasione del giubileo della società TOBIS, Jannings venne nominato Presidente del Consiglio d'Amministrazione. Berlino 1938; Dopo il travolgente successo ottenuto in Francia e negli stati Uniti dal film DER ALTE UND DER JUNGE KÖNIG, Hitler, presenti Göring e Goebbles, ricevette Jannings e gli offrì la direzione della produzione cinematografica tedesca. Berlino 1936.

Di lui si è detto: **"Il genio di Chaplin stà nella semplificazione, quello di Jannings nella molteplicità".** Caroline A. Lejeune.

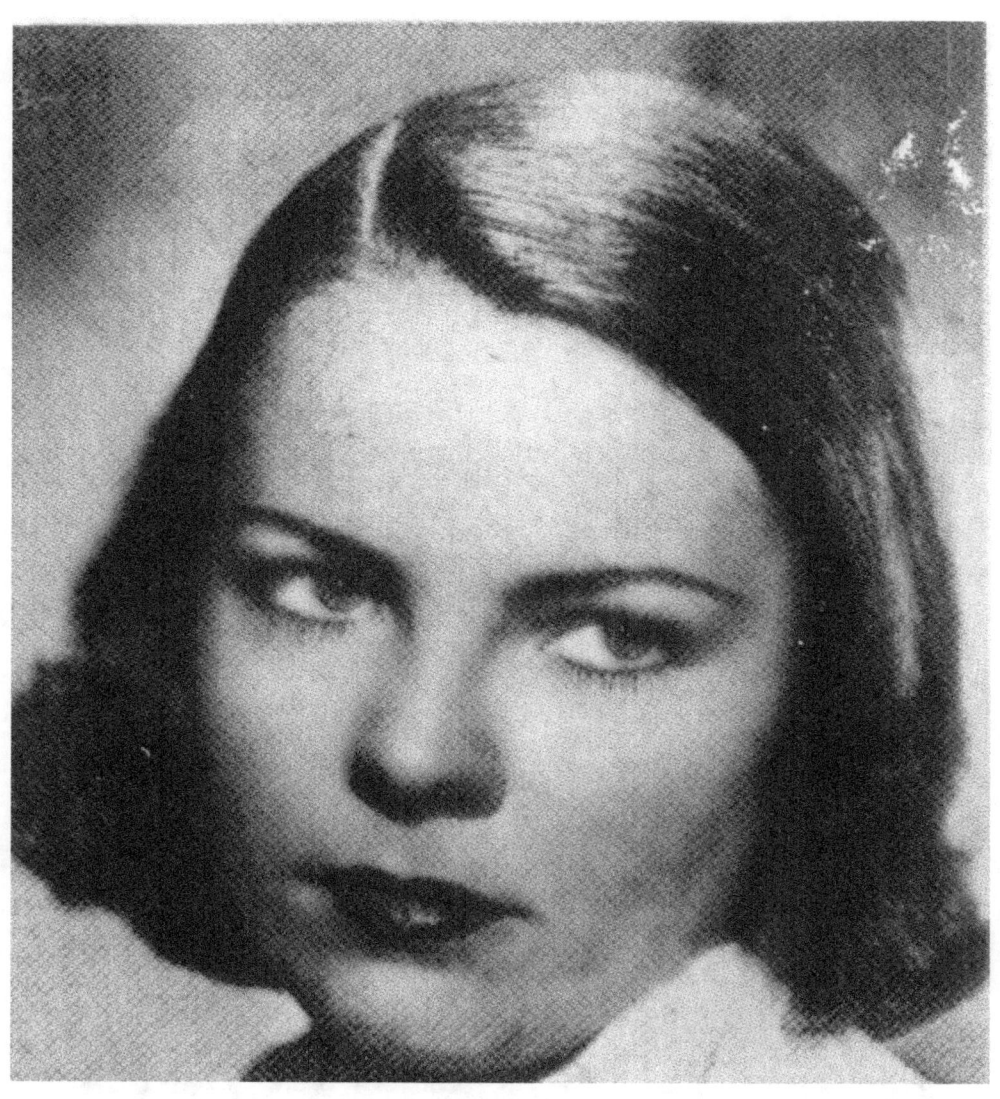

HILDE KRAHL

Moglie del regista-attore Wolfgang Liebeneiner, l'austriaca Hilde Krahl nata a Brod an der Save il 10 Gennaio 1917, iniziò a studiare giovanissima presso l'Accademia musicale di Vienna, prendendo lezioni di recitazione da Lamberg - Offer. Dopo avere esordito al cabaret Literatur sul Naschmarkt, la Krahl venne scritturata dal Deutsches Theater di Berlino, dove prestò la sua opera, ininterrottamente, dal '38 al '44.

Fu il teatro a rivelarla quale interprete efficacissima di figure femminili caratterizzate da forte temperamento e complessa vita morale (Kiara in MARIA MAGDALENA di Hebbel; Luise in KABALE UND LIEBE di Schiller; MARIA STUARDA; Nora in ET DUKKEHJEM di Ibsen), cosicché il cinema avendo la possibilità di utilizzare al massimo la sua prorompente bellezza, subito la inserì fra le "stelle" del suo firmamento. Il debutto cinematografico della Krahl avvenne nel '36, in DIE PUPPENFEE, ma il primo film di rilievo che l'annoverò fra i suoi interpreti, fu SERENADE di W.Forst (1937). Una critica dell'epoca scrisse: **"...in alcuni primi e primissimi piani del film, la Krahl con i suoi profondi ed espressivi occhi neri, sembra una eroina del gran dramma."**

Seguirono una serie di film "rodaggio": LUMPACIVAGABUNDUS ('37); DER HAMPELMANN e GASTSPIEL IM PARADIES ('38); DIE BARMHERZIGE LÜGE

"Die Barmherzige Lüge"

e DER WEG ZU BABEL ('39); HERZ MODERN MÖBLIERT e DONAUSCHIFFER ('40), fino a quando giunse la grande occasione di DER POSTMAISTER ('40), il film di Gustav Ucicky, che mise in luce l'accesa bellezza e le notevolissime possibilità scenico-drammatiche dell'attrice la quale, con questa interpretazione, balzò di colpo alla grande popolarità. Nel '41 la Krahl ebbe nuovamente l'opportunità di interpretare un film di portata internazionale, con G.W. Pabst; quel Kömodiantan che le permise di fare sfogio di una recitazione piena di fascino e di grande suggestione. La forte attrazione che la diva prese a esercitare sul pubblico, specie maschile, dopo l'enorme successo dei film sopra citati, venne notevolmente accresciuta dalle successive apparizioni cinematografiche che videro l'attrice impegnata in DAS ANDERE ICH ('41) di W. Liebeneiner e in ANUSCHKA ('42) di Käutner.

Ulteriori brillanti tappe della carriera di quella che fu una delle più popolari "stelle" del cinema tedesco negli anni Quaranta, furono; MEINE FREUNDIN JOSEFINE ('42); GROSSTADTMELODIE ('43); TRÄUMEREI ('44); DAS GESETZ DER LIEBE ('45); DAS LEBEN GEHT WEITER ('45) rimasto incompiuto.

Werner Krauss

WERNER KRAUSS

Com'era fuori dai teatri di prosa l'uomo Werner Krauss?... Una carica di energia, espressa con discrezione, compostezza e signorilità. Aveva una programmazione di lavoro chiara e precisa, che puntava essenzialmente sulla disciplina imposta innanzi tutto a se stesso, il che esercitava sugli altri un rigore di comportamento e di dignità civica.

Sicuro di se e dei suoi successi, Krauss imponeva il suo fascino con semplicità... anche se a nessuno sfuggiva il senso che aveva di autorità. Coltivava il culto dell'amicizia e per intrattenersi con un amico, anche se l'incontro era casuale, rinviava altri impegni... specie se si trattava di raccogliere attorno a se, giovani attori desiderosi di conoscere e di apprendere da lui, i segreti di un "mestiere" così affascinante e catalizzante.

Othello, Mefistofele, Caligari, Falstaff, Orgon, Paracelso, Attila, Nerone... sono "incarnazioni" create da Krauss che da tempo appartengono, oltreché alla storia del teatro e del cinema, a quella della cultura tedesca.

Nato a Gestungshausen (Coburgo) il 23 Giugno1884, Krauss ebbe un'infanzia difficile e tormentata causata dalle misere condizioni familiari, ma già nei primi anni del nuovo secolo, aveva cominciato a calcare come attore, le tavole del palcoscenico dello Stadttheatre di Guben rivelando subito un multiforme temperamento artistico, in grado di dare vita a una ricca galleria di ritratti.
Il suo attaccamento alla macchina da presa avvenne nel '15, nel diabolico personaggio di "Dappertutto" in HOFFMANS ERZÄHLUNGEN, interpretazione "decisiva" per la sua ulteriore evoluzione di attore cinematografico.
Era l'inizio di una lunga e brillante carriera, durante la quale egli interpretò più di 77 film, alcuni dei quali segnarono una tappa "fondamentale" nel travagliato cammino del cinema tedesco.
Ecco qui un estratto critico, riferentesi all'attività interpretativa di Kraus; 1919. CALLIGARI di Robert Weine. **"Il fascino e l'importanza del film, derivano in maniera determinante dalla esasperata stilizzazione della recitazione di Krauss il quale, valendosi abilmente delle proprie**

Dott. Caligari

caratteristiche fisiche, crea un personaggio dalle angolosità e rotondità di terrificante misura. ";

1921. DIEBRÜDER KARAMAZOFF "Assolutamente "eccezionale"e imprevedibile il suo Dimitri, recitato in chiave di scattante pantomima";

1922. OTELLO "Di particolare_interesse la sua insolita concezione di Jago.";

1924. DAS WACHSFIGURENKABINETT di Paul Leni. "Uno Jack lo Sventratore lugubre, nella rigidità della maschera e nella minacciosa immobilità della figura... come mossa da impulsi meccanici ";

1925. DIE FREUDLOSE GASSE "Un singolare miscuglio di scatti pungenti, venati di diabolica malignità"; 1925. TARTUFF "Vivisezionamento psicologico di un debole e incolore Orgen, logorato da molli abbandoni";

1926. GEHEIMNISSE EINER SEELE "Insuperabile... eccezionale... irripetibile, il modo con cui Krauss raffigurava la debolezza patologica del protagonista";

1926. EIFERSUCHT "Qui Krauss riesce a creare uno stilizzatissimo protagonista, senza ricorrere ai tradizionali mezzi dello psicologismo";

1927. DIE HOSE "**La recitazione di Werner Krauss è un poema di grazia perfetta, dove la materialità della vita non trova posto, per la schietta naturalezza della sua interpretazione**";

1932. MENSCH OHNE NAMEN "**Una interpretazione metafisica, ma d'importanza fondamentale per il cinema tedesco, sul quale certamente eserciterà una visibile influenza**";

1935. HUNDERT TAGE di Franz Wenzler. "**Krauss ha saputo vivificare tutti i meriti patetici ed epici della grandiosa vicenda di Napoleone prima a Sant'Elena poi a Waterloo, donandoci un' interpretazione colorita e piena di entusiasmo**";

1936. BURGHTHEATRER "**Cinema di "bravura", per merito di un Krauss lucido, inventivo, che riesce a disegnare con particolare finezza un personaggio dalla forte maschera drammatica**";

1940. JUD SÜSS di Veit Harlan. "**Ammiratissimo Werner Krauss, il quale ancora una volta si è servito della sua eccezionale carica emotiva (che esercita sul pubblico un particolare ascendente), rendendo i personaggi da lui interpretati, privi di artefatto e di caricato**"; 1941. ANNELIE di Josef von Baky. "**Recitando al fianco di Luise Ullrich, Krauss contribuisce all'affermazione del film**";

1941. ROBERT KOCH, DER BEKÄMPFER DES TODES di Hans Steinhoff. "**Nel ruolo dell'antropologo Virchew, Krauss fornisce una ulteriore spettacolare interpretazione... al medesimo livello di Jannings, il protagonista**";

1942. DIE ENTLAUSSUNG di Walfgang liebeneiner. "**Anche nell'antipatico ruolo del consigliere von Holstein, ritroviamo il Krauss di sempre... tutto enfasi, discrezione, marzialità**";

1943. PARACELSUS di G.W.Pabst. "**Solo Krauss poteva fornirci un ritratto incredibilmente "vero", di un uomo come Teofrasto Bombastus von Hohenheim, detto Paracelso**". Poi... vennero il 1945, la prigione e la "denazificazione".

Un fremito di ammirazione percorse quel giorno i pochi seguaci di Krauss, per la serenità e lo stoicismo con cui egli affrontò questo ulteriore travaglio della vita... travaglio che terminò con il suicidio di suo figlio, sconvolto per le "persecuzioni" messe in atto contro il padre.

Grandi sofferenze fisiche ma soprattutto morali vennero quindi "imposte" al grande attore, dal bavaglio di una "assurda" e "non occulta" oppressione politico - culturale al servizio delle potenze vincitrici della Seconda Guerra Mondiale.

Quando tornò in libertà, una catasta di telegrammi e di solidarietà e messaggi augurali, gli giunse da tutta la Germania... segno tangibile che la sua "inconfondibile" arte aveva lasciato un'orma. Trasferitosi in Austria, nel 1950, tornò nuovamente sul set per interpretare PRÄMIEN AUF DEN TOD, al quale seguì DER FALLENDE STERN.

Successivamente, nel '55, l'ultima apparizione in SOHN OHNE HEIMAT... prima di ricongiungersi nella morte, con gli altri due "GRANDI" dello spettacolo tedesco che lo avevano preceduto: Heinrich George e Emil Jannings.

ZARAH LEANDER

"... **femmina fatale, sirena maliarda, bellezza inquietante, infuocata carica di aggressività sensuale...**", sono alcuni degli appellativi coniati per la figlia di un pastore protestante, nata a Karlstad (Svezia) il 15 Marzo del 1900, che negli anni Quaranta divenne una delle principali "colonne" del cinema del Terzo Reich.
Dopo avere studiato pianoforte, canto e danza, esordì in teatro a soli diciassette anni, ottenendo un lusinghiero successo. Sposatasi con un compagno di lavoro, l'attore Leander, continuò la sua tourné, come cantante e ballerina di varietà, attraverso tutte le città della Svezia... poi Roga, Danzica, Copenhagen, Wienna. Fu in quest'ultima città che, nel '37, venne notata da Geza von Bolvary il quale la scritturò per il suo film PREMIERE, offrendole eccezionali possibilità per fare sfoggio della sua inconfondibile figura e del suo charme. Un corpo flessuoso e sensuale e una vibrante voce di contralto dalla tonalità calda e profonda, fecero il resto. Era nata una Stella!!! Come pronosticato da colui che l'aveva scoperta, l'impresario Ernst Rolf (lo Ziegfeld scandinavo), da quel momento iniziava per la Leander un cammino costellato da folgoranti successi che si sarebbe, in seguito, "repentinamente" interrotto, per il solo fatto di avere alle spalle una guerra perduta.
Straordinario!... Nonostante passasse con estrema disinvoltura dal genere melodramma al brillante, la Leander riuscì sempre a non compromettere la sua credibilità di attrice... questo, anche se molti dei film di successo da lei interpretati divennero poi "classici" dello schermo.
Scritturata dall'UFA, sempre nel '37 interpretò anche ZU NEUEN UFERN di Detlef Sierck (a Hollywood: Douglas Sirk) nel ruolo di protagonista, trovandosi subito circondata da attori di chiara fama quali Viktor Staal, Willy Birgel e Carola Höhn. Ne uscì un film dignitoso, sia sul piano dello stile sia su quello del buon gusto.
Seguì, nel '37, sempre con la regia di Sierck, LA HABANERA, storia di una svedese sposata a un toreador portoricano che finisce per ritornare alla natia Svezia con il figlio e un amico d'infanzia. Una tappa "importantissima" per la Leander, perchè proprio in questo film lanciò una delle sue canzoni più personali, quella DER WIND HAT MIR EIN LIED ERZÄHLT che avrebbe poi rappresentato uno dei maggiori successi discografici del periodo a cavallo degli anni Quaranta. A proposito del successivo DER BLAUFUCHS (1938),

Con Karl Raddatz

affidato dall'UFA alla regia di Victor Touriansky, si racconta che esclamò: "E' lei!....E' la mia volpe azzurra (DER BLAUFUCHS)."

Così, ancora una volta in coppia con Willy Birgel, ecco la tipica "glamour" del cinema tedesco impegnata con la sua inconfondibile voce, in un ruolo di moglie di un ittiologo tutto dedicato ai propri studi.
Naturalmente... la donna non tardava a cadere tra le braccia di un giovane e aitante aviatore del quale s'innamorava follemente, al punto di mettere al corrente il marito e chiedergli il divorzio. Su richiesta di quest'ultimo l'aviatore cercava di rinunciare alla procace amante, ma lei con l'ausilio del suo innegabile e irresistibile fascino, piegava ai suoi voleri il giovane, e partiva con lui.
Il film un dignitoso prodotto dell'erotismo "puritano", ebbe il merito di rivelare una Leander circondata o meglio "avvolta" in un alone divistico senza precedenti almeno in Europa, e ciò la pose all'attenzione di Carl

Froelich il quale la considerò "matura" per interpretare a fianco di Heinrich George, il suo HEIMAT.
Realizzato nel 1938. HEIMAT narrava le vicissitudini di Magdalena Dall'Orte (una celebre cantante) la quale una volta tornata nella città natale riviveva le "amare" esperienze della sua adolescenza attraverso Keller... l'uomo che dopo averla resa madre l'aveva abbandonata. Il film, presentato alla Mostra del Cinema di Venezia, ottenne la Coppa del Ministero dell'Educazione Nazionale, riservata al miglior regista.

In Germania, ricevette la mensione di "**Film raccomandato per il suo valore artistico e politico**", e il **Gran Premio Nazionale del Cinema**.
Ovviamente, l'enorme successo riscosso dal film segnò un trionfo personale per la Leander, che da quel momento costituì un punto d'arrivo nella storia del fascino cinematografico europeo.

Subito dopo, nel '39 ancora un film con Carl Froelich "ES WAR HEINE RAUSCHENDE BALNACHT", il quale "diabolicamente" le poneva accanto la "grande rivale" (artistica) Marika Rökk... l'altra bomba – sexy degli anni Quaranta.
Ebbene... contrariamente a ciò che si era pronosticato negli studios di Neubabelsberg, le due "stars", lavorarono in perfetto accordo e contribuirono alla realizzazione di un seducente film in costume, che ottenne la mensione di "**Film particolarmente raccomandato per il suo valore artistico e culturale.**"

Dopo un ennesimo ruolo di cantante sostenuto in DAS LIED DER WÜSTE, eccola di nuovo con Carl Froelich in quello che può essere considerato il suo migliore film, quel DAS HERZ DER KONIGIN (1940) in cui dette vita alla figura di Maria Stuarda.
La sua interpretazione lasciò una traccia importante e durevole nella storia del Cinema Europeo, soprattutto perchè a Hollywood, Katharine Hepburn sotto la direzione di John Ford, si era precedentemenete cimentata nello stesso personaggio con dubbio successo.

Di minore importanza il successivo DER WEG INS FREIE (1941) dove, comunque, la Leander, forniva nuova prova di corretta professionalità, nell'interpretazione di una cantante di origine italiana.

"Die Grosse Liebe"

Ed eccoci a DIE GROSSE LIEBE, del, 1942, diretto da Rolf Hansen, storia di un ufficiale della Luftwaffe (Victor Staal) invaghitosi di una celebre cantante, della quale diviene immediatamente l'amante, che è costretto ad abbandonare, per compiere il proprio dovere al fronte.

Dopo alcuni mesi eccolo di ritorno, intenzionato a unirsi in matrimonio con la donna che ha carpito il suo cuore, ma non può dare realizzazione pratica al suo desiderio perchè costretto a ripartire immediatamente, per il fronte russo.

Poi... in seguito, superate diverse peripezie e una degenza in ospedale per ristabilirsi da alcune ferite procuratesi in un duello aereo, l'aviatore può finalmente realizzare il suo sogno d'amore.

Una vicenda estremamente banale, che però aveva il pregio di possedere tutti gli ingredienti che, opportunamente manipolati, avrebbero permesso di realizzare un "grande" film. Quali sono questi ingredienti?

Eccoli: una diva sulla cresta dell'onda; un pizzico di amor di patria, una sfarzosa rivista musicale composta di "magici" quadri; un paio di canzoni di grande successo; di gambe lunghe e affusolate.

Si trattò di un "grande" film non possono esservi dubbi... lo "attestarono" autorevolmente gli otto milioni di marchi che il film incassò nella sola stagione '42 – 43 e, se ancora ve ne fosse stato bisogno, il rinnovato successo che il fim ottenne negli anni Sessanta, quando fu rieditato in formato "democratico"... vale a dire "mutilato" delle sequenze in cui la Leander appariva mentre cantava per i soldati tedeschi che occupavano Parigi.

Al film furono attribuite le ambitissime menzioni di; **"Film popolare"**, in omaggio alla parte documentaria, (realizzata su vari fronti di guerra e alle riprese di alcuni esterni girati a Parigi, Roma e Berlino) composta da materiale altamente spettacolare e realista, destinato a produrre profonda suggestione nel pubblico. Anche la "morale" che gli spettatori traevano dalla visione del film,(rafforzamento dei sentimenti d'amor patrio ponendo il "dovere" al di sopra dei sentimenti personali, in un momento in cui tutti erano certi della vittoria tedesca) contribuì a renderlo popolarissimo.

"ICH WEISS, ES WIRD EINMAL EIN WUNDER GESCHEEHN"(La canzone che la Leander interpretava sulle scene del musicals "MEIN LEBEN FÜR DIE LIEBE" mentre 50 "angeliche" ballerine facevano da celeste cornice), aveva aperto una breccia di vastissimo consenso.

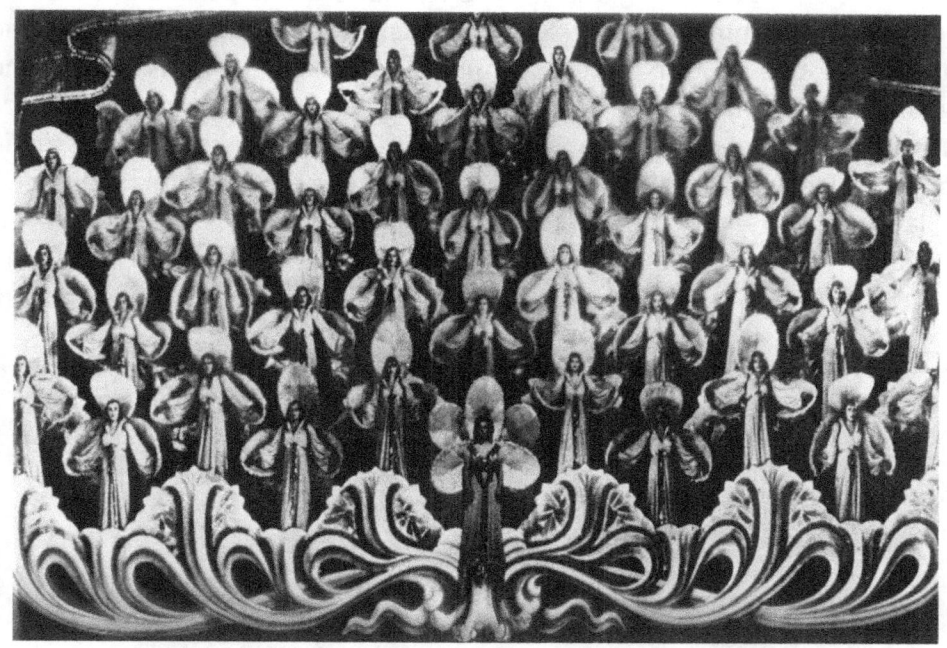

"Mein Leben Für Die Liebe"

Nel successivo 1943, sulla scia del precedente trionfo dell'accoppiata Leander – Hansen, l'UFA affidava loro la realizzazione di un nuovo film, intitolato DALMAS. Ancora una volta un soggetto particolarmente adatto al pubblico femminile, nel quale era protagonista una dottoressa accusata di omicidio che al termine della sua odissea otteneva giustizia.

Il risultato non fu eclatante, cosa che incise "profondamente" sulla "sensibilità" dell'attrice... già molto provata per i continui bombardamenti aerei che infierivano su Berlino, durante uno dei quali la sua villa al Grunewald fu distrutta dal fuoco.

Sorsero così i primi contrasti con l'UFA, contrasti che si acuirono quando la casa produttrice si rifiutò di versarle in valuta pregiata, parte dei compensi che l'attrice avrebbe voluto rimettere ai familiari in Svezia.

Così... il 3 Marzo 1943 mentre erano in corso i festeggiamenti per il giubileo UFA e tutti attendevano l'arrivo della grande star, giunse notizia che la stessa si era imbarcata su un aereo diretto a Stoccolma, con il solo biglietto di andata.

Era la fine di una carriera gloriosa, la conclusione di una parabola che aveva visto una "femmina" alta e flessuosa "sempre" avvolta da un fascino misterioso, con il volto acceso da una smagliante dentatura e da uno sguardo penetrante e vivo, assurgere in breve tempo al rango di star senza mai perdere la propria spontaneità. Ora, al culmine del successo, in sordina... inosservata dal pubblico che la idolatrava, in punta di piedi usciva dalla scena.

NDR. Nel dopoguerra la Leander è tornata a calcare le scene del varietà e del set cinematografico, ma con risultati sempre più modesti... anche in quella Berlino, che l'aveva eletta regina negli anni Quaranta.

Ferdinand Marian

FERDINAND MARIAN

Marian rappresentò una consolazione, qualcosa di intimamente impastato di fiducia e di sesso, per coloro che ne erano sprovvisti. Perchè?... Perchè non era bello ma piaceva alle donne ed era simpatico agli uomini, e questo... per un divo degli anni '40, era la prima qualità necessaria per svolgere la professione d'attore. Di conseguenza, le donne lo amarono e gli uomini lo ammirarono quale abile venditore di sogni, di cui essi avevano dolorosamente bisogno... ignorando che nella realtà, spesso, Marian non aveva molto a che a fare con i personaggi che interpretava sullo schermo.

Secondo la versione fornita dall'ufficio stampa dell'UFA, Ferdinand Marian nacque il 1 Febbraio del 1911 a Wienna da una coppia di cantanti, la sua infatuazione per il teatro, sarebbe nata dalla visione di uno spettacolo di Werner Krauss e, precisamente, "Il Mercante di Venezia".

Grazie all'influenza di una vecchia attrice incontrata per caso, ebbe modo di debuttare su un palcoscenico di Monaco, e dopo un breve tirocinio, iniziò un rodaggio, un estenuante e duro lavoro, per imparare il mestiere che doveva condurlo a Gladbach, Aquisgrana, Amburgo, Monaco e "finalmente" Berlino.

Fu proprio a Berlino nel '33, che avvenne il suo primo impatto con il mondo del cinematografo: un ruolo di secondo piano in un drammone intitolato DER TUNNEL. Nonostante i presagi che indicavano già un futuro di primo piano, il cammino "cinematografico" di Marian non fu facile ed egli dovette attendere il 1936, per trovarsi di nuovo impegnato sul set di EIN HOCHZEITSTRAUM... uno strano film tortuoso e a volte brillante, evidentemente per potere essere accessibile a un pubblico di massa.

Con l'inizio del 1937, la stella di Marian iniziò a sorgere in fretta, per la triplice partecipazione a STIMME DES HERZENS – MADAME BOVARY – LA HABANERA, film dove il personaggio di Marian aveva un senso ben preciso.

LA HABANERA, diretto da Detlef Sierck (a Hollywood Douglas Sirk), era il film capolista di stagione avente come protagonista la nuova stella Zara Leander e rappresentava, per quell'epoca, uno sforzo produttivo imponente... una specie di solennità cinematografica che il pubblico avrebbe dovuto onorare, accorrendo in massa. Infatti così fu... e del grande successo ottenuto dal film, ne beneficiò anche la popolarità di Marian, che venne subito scritturato per NORDLLICHT (1938). Probabilmente la cosa dette a Marian la sensazione di aver "sfondato", ma in realtà si trattava di

una vittoria relativa, perchè il ruolo affidatogli non gli permetteva di mettere in risalto le sue qualità.
I successivi DER VIERTE KOMMT NICHT- LEINEN AUS IRLAND – MORGEN WERDE ICH VERHAAFTET (1939) – DER FUCHSVON GLENARVON – AUS ERSTE EHE – HERZE OHNE HEIMAT (1940), registrarono un Marian intuitivo, solido, professionalmente ineccepibile, ma niente di più. Poi... "finalmente" ecco l'occasione per giungere alla dimensione artistica "totale": il ruolo di protagonista nel film "bomba" di Veit Harlan, JUD SÜSS. Un grande film, con un cast di tutte stelle, messo insieme e costretto a collaborare per il successo dell'impresa.
Dietro al film c'erano motivi ideologici, politici, culturali, propagandistici... quindi una fortissima pressione psicologica che suggestionò Marian al " punto giusto ", così che egli espresse il meglio della sua arte.
Risultato: dopo alcuni mesi che il film era entrato nei circuiti cinematografici, il nome di Ferdinand Marian era già salito allo zenith della popolarità.
Sulla scia del trionfo di JUD SÜSS ecco, nel '41, una favolosa occasione per Marian: quella di rivestire i panni di Cecil Rodhes in OMH KRÜGER, con Steinhoff e Jannings. La storia del cinema ha registrato parecchie grandi interpretazioni, ma poche partecipazioni trascendentali; quella di Marian in KRÜGER, lo fu.

Dopo due non troppo brillanti apparizioni in EINZ ZUG FÄHRT AB e TONELLI, nel '42, ecco di nuovo una felice occasione con Helmut Käutner in ROMANZE IN MOLL, al fianco di Marianne Hoppe. Marian interpretava il ruolo di Michael, un elegante e raffinato artista di cui la Hoppe (sposata a un uomo senza immaginazione) diveniva l'amante... fino a quando, presa dalla disperazione per l'insostenibile situazione, si toglieva la vita. La storia era adattata da una novella di Maupassant (Les Bijoux), il migliore Maupassant... dal quale non poteva scaturire che il migliore Marian.
Ed eccoci al 1943, per festeggiare degnamente il suo giubileo, l'UFA decise di realizzare una produzione di alto prestigio (in Agfacolor) MÜNCHHAUSEN, affidando la regia a Josef von Baky a disposizione del quale venne posta l'elite degli attori cinematografici tedeschi. Da Hans Albers (Münchhausen), a Brigitte Horney (Caterina II); da Ilse Werner (Isabella d'Este) a Marina von Ditmar (Sofia von Riedesel)... e,
naturalmente, a Ferdinand Marian... impegnato nel ruolo di Cagliostro. Ne venne fuori una caratterizzazione folgorante, coronata da grande successo.

Poi, fino all'Aprile del '45 l'attività di Marian non registrò più eccezionali occasioni cinematografiche... tanto che egli si dedicò, salvo brevi parentesi, totalmente al teatro. All'arrivo degli Alleati venne subito fermato, trattenuto e schedato, quale colpevole per avere prestato la propria attività artistica, al servizio di film antisemiti e antibritannici.
Ecco!... ora colui che sullo schermo aveva sempre dato l'impressione di avere grande fiducia in se stesso, rivelava sintomi di panico e paura temendo un passato (artistico)... che cercava disperatamente di

nascondere. Niente più superbo portamento, dizione disinvolta, ostentazione del fascino fisico , grande spontaneità; solamente un uomo debole, chiuso in se stesso, timoroso della povertà e insicuro del domani.
Giunto al limite della resistenza psichica e fisica, un giorno... in preda a una gravissima crisi depressiva, corse verso la morte lanciandosi con un'automobile contro un albero... volutamente! Il giorno dopo il suo nome veniva depennato dalla "lista nera" redatta dagli Americani, riguardante coloro che dovevano essere interdetti da qualsiasi attività, per i loro trascorsi legami con il defunto Regime.
NDR. Nel 1948 la moglie di Ferdinand Marian, dopo avere deposto come testimone a favore di Veit Harlan, nel processo intentato contro il regista dalla Corte d'Assise di Amburgo, fu rinvenuta priva di vita in una camera d'albergo.
"Suicidio" dissero, ma Harlan non lo ha mai creduto!

CARL RADDATZ

La rapidità dell'ascesa di Raddatz, fu un caso quasi unico nel cinema tedesco di tutti i tempi. Affascinante, alto, snello, dallo sguardo chiaro e vivo, emanante da tutta la persona una simpatia incantatrice, senza la minima traccia di fatuità ma dotato anzi di una straordinaria semplicità, Raddatz fu indubbiamente molto favorito dal fisico.

Comunque queste qualità esteriori, da sole, non sarebbero bastate a spiegare la continuità del suo successo se non fossero state integrate da doti più profonde. Anzitutto una voce musicalissima, dal timbro caldo e vellutato, in virtù della quale le sue interpretazioni risultavano doppiamente suggestive.

Nato a Mannheim, Raddatz dopo la maturità classica iniziò l'attività teatrale nel ruolo di "attor giovane"e fu durante una tourné a Colonia, che venne notato da un funzionario dell'UFA il quale lo segnalò per interpretare un ruolo nel film : URLAUB AUF EHRENWORT (1937) di Karl Ritter. Per le spettatrici di tutta Europa, la "scoperta" cinematografica di Raddatz rappresentò l'apparizione dell'uomo "ideale" vale a dire dell'uomo "eroe", "amante", "armoniosamente completo", il perfetto emblema della vitalità.

Il successo che l'attore riscosse, fu immediatamente enorme, ne furono eloquenti testimonianze gli incassi registrati ai botteghini dove venivano proiettati i film da lui interpretati.

Indubbiamente l'incontro con Ritter fu apportatore di maturazione artistica e d'ispirazione interpretativa per Raddatz, come risultò dalla loro successiva collaborazione in UBER ALLES IN DER WELT e STUKAS (1941), due film di grande successo nei quali l'attore interpretava il ruolo di ufficiale della Luftwaffe, mentre in DER 5 JUNI, di Fritz Kirchhoff, del '42, rivestiva la divisa della Wermacht, in una storia ambientata nel periodo della campagna di Francia.

In "Stukas"

Naturalmente, sempre a cavallo tra gli anni '38 – '41, Raddatz aveva interpretato numerosissimi altri film, tra i quali possiamo citare VERKLUNGENE MELODIE, ZWIELICHT, BEFREITE HÄNDE, LIEBELEI UND LIEBE, WIR TANZEN UN DIE WELT, KAMPF-GESCHWADER LUTZOW.

Nel '41, Raddatz fece parte unitamente a Paula Wessely, del cast di HEIMHEHR, il film di Gustav Ucicky che, oltre ad aggiudicarsi la Coppa del Ministero della Cultura popolare Italiano al Festival internazionale del Cinema di Venezia, in patria venne proclamato **"Film della Nazione"- "Film raccomandato per la Gioventù"**.

Seguirono IMMENSE ('43) e OPPERGANG ('44), due "super"produzioni di Veit Harlan, che videro il trionfo della coppia Carl Raddatz – Kristina Söederbaum... due partners versatili, intelligenti, memorabili, nella loro autonomia artistica.
Poi, nel '45, Raddatz interpretò per la regia di H. Käutner, quel UNTER DEN BRÜCKEN che la critica internazionale accoglierà trionfalmente nel 1950, quando il film verrà programmato.

MARIKA RÖKK

Marika Rökk, la beniamina del pubblico europeo degli anni Quaranta, è stata l'incarnazione vivente del più sacro dei miti: quello del successo.
Nata al Cairo il 3 novembre del 1913 da genitori ungheresi, fin dalla prima infanzia si trasferì a Budapest dove iniziò a prendere lezioni di danza. Seguendo il padre in lunghi soggiorni all'estero, ebbe la possibilità di perfezionare le sue doti di ballerina con Rutowsky a Parigi, con Legat a Londra e con Fokine a New York.

Nel 1928, quando era già perfettamente padrona della danza artistica, classica e orientale, debuttò a San Francisco con la compagnia di balletti Hoffmann, ottenendo uno strepitoso successo... grazie, anche, a una prorompente avvenenza fisica e a un paio di "stupende" e indiavolate gambe.

Nel 1929, sempre negli Sati Uniti, vive l'esperienza del teatro di varietà e del circo equestre... pur essendo già "maestra" della danza del momento il tip – tap, che balla con la frenesia di una batteria. Le sue gambe piroettano

mulinando l'aria con scioltezza... una lievità che sfida le leggi gravitazionali... una tecnica e uno stile di tale maestria, che solo Ginger Rogers riuscirà a raggiungere più tardi, in coppia con Fred Astaire.
Con il ritorno in Europa, verso la fine del 1930, inizia per la Rökk il momento magico... un momento magico che ha nome Budapest, Londra, Parigi, Berlino... un interminabile carosello di successi per colei che è danzatrice, cantante, ballerina sulla corda, amazzone dell'alta scuola, attrice.
All'inizio del 1933 la Rökk è a Vienna, scritturata da Ronach quale protagonista di una serie di "musicals", che segnano un nuovo trionfo per la "spumeggiate" diva. La sua fortuna come attrice cinematografica, inizia a Berlino nel 1934, con il film UFA "LEICHTE KAVALLERIE", di Wolfgang Hochbaum, una riduzione dell'omonima operetta di Suppé.
Film popolari del genere e del gusto imperante per tradizione in tutti i Paesi del centro Europa, superficialmente briosi, furono "HEISSES BLUT" e "UND DU, MEIN SCHATZ, FAHRST MIT" (ambedue riduzioni da operette), girati nel 1936. Di livello artistico più sostenuto "KARUSSEL" (1937), seguito da "DER BETTELSTUDENT", un prodotto di scarso interesse commerciale.
Nel 1938 "EINE NACHT IM MAI", uno spettacolo gradito dal pubblico per la fusione di vari elementi, quali una sceneggiatura sciolta e brillante, un movimento scenico ricercato e valido, e le canzoni cantate dalla Rökk.
L'anno successivo "HALLO JANINE", diretto da Carl Boese, una piacevole brillante commedia, dove la Rökk dava vita al personaggio di una giovane ballerina che, grazie allo charme, al talento e alla voce, diventava una celebre vedette. L'azione si svolgeva a Montmartre, e dava modo a Marika di eccellere nel ballo e affermarsi come cantante di musica leggera, con quello che diverrà uno dei suoi più grandi successi: la canzone "Musik... Musik... Musik".
Sempre nel 1939 la Rökk, nel ruolo di Nastasja, si trovò a rivaleggiare sul set di "ES WAR HEINE RAUSCHENDE BALLNACHT" di Carl Frolich, con Zarah Leander, l'altra grande "superstar" del cinema europeo. La volontà di emergere della "bionda" ungherese sulla "rossa" svedese, permise di produrre un film che ancora oggi viene "particolarmente raccomandato" per il suo alto valore artistico e culturale. Allora, trionfò alla Mostra di Venezia... dopo la guerra, la televisione lo ha ripetutamente trasmesso.
La sceneggiatura ispirata a un episodio di amore della vita di Tchaikowsky, era firmata da Geza von Cziffra; completavano il cast degli interpreti, Paul Dahlke e Fritz Rasp.

Marika Rökk in Kora Terrry

Il film successivo, che la Rökk interpretò sempre per l'UFA, fu uno dei più riusciti della sua carriera. Si intitolava "KORA TERRY", ed era diretto con abilità e semplicità da Georg Jacoby, nella vita marito della diva.
L'attrice vi sosteneva un doppio ruolo: quello delle sorelle gemelle Mara e Kora, le quali rappresentavano il bene e il male... un contrasto un po' troppo accentuato nello svolgimento della trama, che però non influì sul successo del film che, d'altro canto, risultò spettacolarmente molto valido ed estremamente godibile. Gli "eccezionali" quadri di rivista, fra i quali primeggiavano quello della "frenetica" danza spagnola che Kora ballava in guépière nera e l'esotico numero egiziano in cui la stessa, su di un sarcofago, eseguiva con una perversità sensuale mai apparsa prima sugli schermi, una danza del ventre degna dei più famosi "musicals" americani, ebbero sul grosso pubblico un effetto "traumatizzante".

Marika Rökk in Kora Terry

"Una sceneggiatura che dispensa generosamente e saggiamente, il crimine, i buoni sentimenti, lo spionaggio e le avventure... ", così lo slogans pubblicitario per il lancio del film in Italia.

"Marika apparait au centre d'un misteryéux decor africain. Elle est éblouissante, debout préss d'un panier de serpents. Au son de la flùte, ils avancent vers elle, se pendent à ses bras. Elle chargée de leurs lourds anneaux, danse, légére comme un afrit, marquant, de son talon nerveux, le rythme monotone et heurté....," così il depliant dell'UFA per l'esportazione del film in Francia.

Seguì una partecipazione straordinaria della Rökk in "WNSCHKONZERT" di Eduard von Borzody, dove la diva interpretando il ruolo di una cantante, riproponeva il motivo "Eine Nacht im Mai" da lei lanciato due anni prima nel film avente il medesimo titolo.

Ed eccoci, siamo nel 1941, al primo film in agfacolor: "FRAUEN SIND DOCH BESSERE DIPLOMATEN", diretto da Georg Jacoby, protagonisti Lei e Willy Fritsch.

Vivissima l'attesa per questo film, soprattutto per l'esperimento colore, ma le speranze andarono deluse sia per i risultati artistici (dovuti in parte all'ambientazione nell'epoca Biedermaier), sia per i colori ancora imperfetti.

Subito dopo, nel 1942, la Rökk interpretò "TANZ MIT DEM KAISER" e "HAB MICH LIEB" di Harald Braun... un operetta e un musicals.

Nella stagione '43 – '44 "DIE FRAU MEINER TRÄUME"di Georg Jacoby. Il film girato in agfacolor, narrava le avventure di una spregiudicata e avvenente ballerina (Julia Koster) la quale, in pieno inverno, vagava sulle nevi della Carinzia... quasi in costume adamitico.

Questa stravaganza, la faceva incappare nelle maglie della Giustizia dove però, aveva la fortuna d'incontrare un "comprensivo" signore che finiva per sposarla.

Una storia sciocca e banale dunque, ma eccellente colore e le due "super" riviste musicali inserite nel film, ne fecero un successo commerciale di ben "nove milioni di Marchi"... si noti bene nel 1944, cioè a non più di otto mesi dal tracollo "totale".

Nel primo musicals, Marika con boa rosso sulle spalle, due rose baccarat infilate nella parrucca nera e un cesto di fiori fra le braccia, danzava sullo sfondo scenico di un porto, cantando la famosa "IN DER NACHT IST DER MENSCH NICHT GERN ALLEIN" (all'uomo non piace essere solo la notte).

Seguiva una danza acrobatica... poi Marika entrava in un immenso cappello e ne riusciva subito dopo, avvolta in un elegantissimo completo da sera. Il quadro si concludeva in un grande ristorante, al ritmo di un frenetico can – can.

La seconda rivista, sul piano della messa in scena ancora più sfarzosa della prima, presentava la Rökk "incartocciata" in un lungo "trasparente" abito color rosa, con un pallone d'argento fra le mani, mentre seduceva un illustre giurista.
Subito dopo, più bionda e più fatale che mai, si esibiva in una danza cinese; ancora un quadro ed eccola in Spagna, interprete di una "focosa" Carmen; infine un frenetico tip –tap, con un partner incredibilmente somigliante a Fred Astaire.
Nel gran finale, la scena del matrimonio, con gli sposi vestiti di bianco, sullo sfondo di scene colorate con colori pastello dalle tonalità tenue e leggere, circondati da un gruppo di angeliche ragazze che suonano gigantesche arpe.
Questo film musicale, l'ultimo del genere realizzato nel Terzo Reich, raggiunse il vertice del successo, grazie agli smaglianti colori e all'interpretazione della Rökk la quale presaga di doversi congedare dal suo pubblico, con straordinario senso artistico e musicale, dette il "meglio" del suo fascino e della sua verve per riconfermare, se ancora ve ne fosse stato bisogno, le sue "eccezionali" qualità di ballerina. Poi, vennero il "buio"... "la prigione"... "la denazificazione" (come se in caso di vittoria della parte opposta, i tedeschi avessero "preteso" di "degiudiizzare" Greta Garbo o Joan Crawford).
<u>NDR.</u> Nel dopoguerra, prima in Austria poi in Germania, la Rökk riprese la sua attività sulla scena e sullo schermo, festeggiando il 65esimo anno, cantando nel "musicals" "Graefin von Naschmarkt" composto appositamente per lei... e, ancora una volta, esibendo "le gambe" e una "generosa" scollatura.

Kristine Söederbaum

Dotata di una florida bellezza di tipo nordico, gli occhi chiarissimi sul volto candido e radioso, gambe lunghe e sensuali, la svedese Kristine Söederbaum dopo brevi esperienze in filodrammatiche di Stoccolma, nel 1928 emigrò in Germania dove iniziò un accurato studio della lingua tedesca, sotto la guida dell'attore R. Klein-Rogge.

Esordì nel cinema nel '36 (aveva 24 anni essendo nata a Stoccolma 1912) in ONKEL BRÄSIG, e subito s'impose all'attenzione degli uomini del cinema per il suo schietto temperamento di attrice teneramente romantica.

Determinante per la sua "eccezionale" carriera di diva (forse fu la più popolare fra le attrici tedesche degli Anni Quaranta) fu l'incontro con Veit Harlan, che nella vita divenne suo marito, il regista che la diresse in quasi tutti i film da lei interpretati.

VERWERTE SI RN e JUGEND ('38), DAS USTERBLICHE HERZ ('39),DIE REISE NACH TILSIT ('39),
JUD SUSS ('40), DIE GOLDENE STADT ('42), DER GROSSE KONIG ('42), IMMENSE ('43), OPFERGANG

('44), KOLBERG ('45), furono le tappe fondamentali della "fusione" cinematografica della coppia più celebre del cinema tedesco durante il Terzo Reich.

In quel momento il binomio Söederbaum - Harlan era sinonimo di successo, di trionfo artistico e spettacolare, di Premi, Coppe, Targhe, Lauree Honoris, Encomi, Medaglie, ecc... a coronamento di un'attività di cotante e sapiente densità espressiva, tendente soprattutto a valorizzare un patrimonio spirituale e umano tipicamente tedesco.

La figura della Söederbaum era giunta al massimo livello della maturità artistica, quando i tragici avvenimenti che investirono il Paese, nel '45, la "costrinsero" a seguire la sorte del marito e a entrare... sia pur lentamente, nella penombra di molti personaggi da lei mirabilmente interpretati, con sofferta sensibilità umana, nel periodo di grande gloria.

Hans Söhnker

HANS SÖHNKER

Avviato alla recitazione da Gustaf Gründgens, Hans Söhnker, nato a Kiel, entrò nel mondo del cinema nel 1934 quando, recatosi a Berlino, venne scritturato per un ruolo nel film DIE SCARDASFÜRSTIN.
Il fascino della sua virile presenza contribuì subito a facilitargli il "cammino" nel mondo della celluloide, anche perché venne spesso utilizzato secondo le esigenze del cinema commerciale. Signorile, agile e scattante nel fisico, dotato di una carica d'immediata simpatia, divenne il prototipo di un personaggio nel quale, milioni di spettatori potevano ammirare ciò che avrebbero voluto essere.
Dopo EVA e DER JUNGE GRAF del '35; LIEBESTRÄUME-TRUX e DIE FLEDERMAUS del '36; DER MUSTERGATTE del '37; MUISK FÜR DICK e DIE VIER GESELLEN del '38, Söhnker venne scelto da Günther Rittau quale protagonista di un film di avventure di mare, nel quale egli potè fare sfoggio di una vasta gamma di sfumature di corposa presenza spettacolare, giovandosi di una recitazione curata e varia.

Poi, dopo NANETTE del '40, venne il trionfo di AUF WIEDERSEHEN FRANZISKA di Helmut Käutner. Una storia "vera" sempre in equilibrio fra un alto messaggio d'amore e l'ambiente umano di tutti i giorni, descritta con umanissime annotazioni di costume, grazie anche alla "perfetta" aderenza di Söhnker al suo personaggio, nei panni del quale l'attore appariva talmente "perfetto", da riuscire a portare a livelli pressocché d'arte, quella che avrebbe potuto essere una normale interpretazione.

Nel '42, ancora il binomio Söhnker-Rittau per DER STROM, un film di ottimo livello qualitativo, che si serviva di tragiche fatalità naturali e di aggrovigliati conflitti d'amore, per illustrare quotidiane "realtà" di vita.

Sempre nel '42, Söhnker interpretò anche NACHT OHNE ABSCHIED, film di tono minore, così come lo furono i successivi, MEINE FRAU TERESA e AXEL AND DER HIMMELSTÜRE, del 1943.

Nel '44, HEINE NACHT IN ST. PAULI, un dignitoso prodotto commerciale, cui fece seguito GROSSE FREIHEIT NR. 7 ('44) di Käutner. Qui, Söhnker si trovò al fianco di Hans Albers e di Ilse Werner, per cui l'impegno nel primeggiare sui co - partners, lo spronò a donare al suo personaggio una forte carica di comunicativa umana che gli assicurò un generale consenso di critica e pubblico.

Ne '45, SIEG DER HERRBEN, l'ultimo film che Hans Söhnker interpretò in un momento in cui, la sua popolarità, sembrava destinata a protrarsi ancora per molto tempo.

LUISE ULLRICH "Attrice di Stato".
Aloisa Ullrich, contessa di Castell-Rüdenhausen, nata a Vienna il 31 Ottobre 1911, dopo aver studiato recitazione alla Akademie fur Musickalische und Darstellende Kunst, debuttò innanzi alla macchina da presa nel GOETHE FIL DER UFA (1932), rivelandosi attrice di fresca grazia e di spontanea, quasi

istintiva, poeticità. Per queste sue doti, venne scelta da Trenker per interpretare accanto a lui, il principale ruolo femminile in DER REBELL ('32), dove ebbe modo di confermare le sue notevoli possibilità artistiche.

La grande affermazione cinematografica le giunse nel '33, quando Max Ophüls la chiamò a incarnare Mitzi nel suo celebre film LIBELEI, romantica tragedia viennese ispirata al testo teatrale di Schitzel. Conferendo civetteria, spensieratezza e vivace femminilità al personaggio affidatole, la Ullrich tratteggiò un finissimo ritratto d'intensa vibrazione spettacolare.

Queste qualità trovarono immediata conferma in LEISE FLEHEN MEINE LIEDER ('33) di Willy Forst, altro film romantico, destinato a un trionfale ed enorme successo. Qui la Ullrich animava con grande finezza e tenerezza, la figura della "süsse Mädel" del banco di pegni, colei che aiutava il povero musicista Schubert e gli consacrava il proprio amore. Tra i successivi film interpretati, pur nello scarso rilievo artistico, si possono ricordare: DAS EINMALEIS DER LIEBE ('35), SCHATTEN DER VERGANGENHEIT ('36), DER TAG NACH DER SCHEIDUNG ('38). Al contario, possono degnamente figurare nel "curriculum" artistico della Ullrich, film come VERSPRICH MIR NICHTS ('37) di Wolfgang Liebeneiner, un umoroso e gustosissimo ritratto di biografia romanzata; ANNELIE ('41) di Josef von Baky, film che la consacrò fra le "grandi signore" dello schermo e che le valse il Premio per la migliore interpretazione femminile, al Festival Cinematografico di Venezia (1941). Di estrema professionalità nello stile, romantica e artistica nell'espressione, l'attrice Luise Ullrich nell'insieme delle sue interpretazioni è sembrata sempre ispirarsi al senso del messaggio che lo spettacolo è chiamato a diffondere fra il pubblico... rivolgendosi all'intelligenza non meno che alla sensibilità, degli spettatori.

ILSE WERNER

Ilse Charlotte Still (Werner era il nome della madre), nacque a Batavia nell'Isola di Giava, l'11 Luglio 1918. Dopo avere studiato arte drammatica a Vienna, recitò sulle scene austriache e tedesche, fino a quando ventenne, ebbe modo di esordire dinanzi alla macchina da presa divenendo, in breve tempo, una delle attrici di maggiore rilievo del cinema tedesco, specie nel campo della commedia.

Naturalmente, in ciò fu molto facilitata dalla sua bellezza bruna, da un fisico molto attraente e dal fresco e brioso talento... un pò sbarazzino, che emergeva subito appena era in scena.

Tra i film che contribuiscono alla sua fama, da segnalare BEL AMI di W. Forst ('39), dove la deliziosa Ilse interpretava il ruolo di Suzanne; BAL PARE' di Ritter ('40) nel ruolo di una "Ballettratte"; MÜNCHAUSEN di J. Von Baky ('43) dove incarnava una decorativa principessa; WIR MACHEN MUSIK ('42) e GROSSE FREIHEIT Nr. 7 ('44), con H. Käutner.

Fra le altre opere interpretate dalla Werner, si rammentano WUNSCHKONZERT ('4o), U-BOOTE WEST WÄRST ('41), HOCHZEIT AUF BÄRENHOF ('42), DAS SELTSAME FRÄULEIN SYLVIA ('45) incompiuto e EIN TOLLER TAG ('45) incompiuto.

Spigolando quà e là fra i giudizi della critica europea, a proposito delle qualità artistiche di Ilse Werner, riportiamo: MAGYARORSZAG (Budapest) 18/10/40: "**... raramente nella mia carriera da critico, avevo ammirato un volto acceso da uno sguardo penetrante e vivo, quale quello di Ilse Werner.** Laslo Csakyi.

NOUVEAU JOURNAL (Parigi) 7/5/41: "**... un discorso a parte merita la Werner, la quale eccelle soprattutto nel sottolineare, con grande intensità, situazioni fresche, divertenti, amene.** Tebio Arrumi.

BERLINER ILLUSTRIERTE (Berlino) 3/9/43; "**... della Werner ci limiteremo a dire che ogni volta che la incontriamo sullo schermo, cogliamo nuovi angoli inesplorati della sua grande sensibilità di attrice.** " Fritz Lampe

ILLUSTRAZIONE ITALIANA (Milano) 8/3/43: "**... la Werner è una incarnazione leziosa e sensuale, raffinata e frivola, una diva ormai entrata nella storia cinematografica e nei "desideri" di milioni di spettatori.**" Elio Zorzi.

MATHIAS WIEMAN

Nato a Osnabrück il 23 Giugno 1902, Mathias Wieman dovette affrontare grosse avversità familiari, prima di affermarsi in quella carriera teatrale che cominciò a dargli soddisfazione dopo l'interpretazione di Pilade in EFIGENIA, al Deutsches Theatre di Berlino nel 1932.

Il suo esordio cinematografico avvenne nel 1927, ma il primo ruolo di rilievo lo ebbe nel 1930 in STÜRME ÜBER DEM MONTBLANCH di A. Anck, cui fece seguito nel '31, MARIUS di A.Korda.

Ritroviamo Wieman, nel '32, in DAS BLAU LICHT di L.Riefensthal, film che precedette la "grande"occasione per il lancio dell'attore: il ruolo del protagonista nell'ATLANTIDE, di G.W.Pabst.

Seguirono ANNA UND ELISABETH di F. Wysbar ('33) e DIE EWIGW MASKE ('35) di W.Hochbaum, film che doveva rivelare Wieman come uno dei più seri e dotati attori del nuovo cinema tedesco.

Nel 1936 avvenne l'incontro con il regista Carl Ritter, dal quale scaturirono le collaborazioni anche in fase di sceneggiatura, per una terna di ottimi film quali: PATRIOTEN ('37) – UNTERNEHMEN MICHAEL e KADETTEN ('41).

Ancora da segnalare ICH KLAGE AN di W. Liebeneiner ('41), PARACELUS DI G.W. Pabst ('43), TRÄUMEREI ('44) di H. Braun, DAS HERZ MUSS SCHWEIGEN ('44) di G.Ucicky, WIE SAGEN WIR ESUNSEREN KINDERN... ('45) rimasto incompiuto.

La maschera drammatica, severa e intensa di Wieman, capace di esprimere in modo sottile turbamenti e conflitti psicologici dei più disparati personaggi, trovò naturalmente impiego in altri moltissimi film qui non segnalati...

Basti ricordare DAS ANDERE ICH o MAN REDE MIR NICHT VON LIEBE, si ché al momento dello "strangolamento" del cinema tedesco nel 1945, Mathias Wieman figurava "degnamente" nei primissimi posti delle classifiche dei "divi" più affermati in Europa.

Naturalmente... dato che egli si era comportato da buono e onesto suddito del III Reich, occupando anche fra l'altro la carica di consigliere di ammnistrazione dell'UFA, al termine della guerra"pagò" l'impegno"artistico e politico"che aveva profuso a favore del nazionalsocialismo.

TRAUMULUS (1936) **"Particolarmente raccomandato per il suo valore artistico". "Particolarmente raccomandato per il suo valore politico". "Gran Premio Nazionale del Cinema 1936".**

"... una impeccabile sobrietà di stile al servizio di una storia profonda, carica di intima tensione drammatica. Un gusto preciso negli accuratissimi ambienti, nelle studiatissime inquadrature, nelle rifinite scenografie interne ed esterne, al fine di creare un'opera tecnicamente valida ed esteticamente gradevole."

UNTER DER BRÜCKEN (1945) – "... una storia piena di valori veristici e drammatici, che il regista Käutner ci racconta in modo secco, essenziale, dandoci un'antologia di sequenze di eccellente fattura. Nell'ambito di una precisa ricerca di stile scuola francese, egli scava nell'anima dei suoi personaggi per vedere "dentro", seguendo una matrice lenta e fluida, al fine di presentarli in modo rude e realistico."

PATRIOTEN (1937) – "**... Particolarmente raccomandato per il suo valore politico e artistico**"... "**Premio alla Mostra d'Arte Cinematografica di Venezia** ". PATRIOTEN è un esempio di misura e di buon gusto che deve essere salutato con molto entusiasmo per il ritmo e l'incisività del linguaggio realistico, che a volte riesce a portare a livelli di grande emotività, sequenze che potrebbero essere solamente spettacolo".

"Wen Die Götter Lieben"

WEN DIE GÖTTER LIEBEN (1942) – "**Particolarmente raccomandato per il suo valore politico_e artistico**". Il Prädikat attribuito ai film di "qualità", ha trovato in questa pellicola dedicata alla vita di Mozart, una giustificazione "eccellente", perchè era da tempo che non si vedeva sullo schermo un ritratto umoroso di gente, di costumi e di usi, di così intensa umanità... e verità".

L'AUBE (1933) – "L'azione si svolge a bordo dell'"U-21", in missione speciale d'intercettamento di un incrociatore inglese, che trasporta in Russia rinforzi militari. Ucicky è per la cronaca "vera", per la ricostruzione meticolosa degli stati d'animo senza coloriture o accentuazioni, per l'illustrazione di un discorso terribilmente drammatico, umano e avvincente, che tocca tutti gli uomini in armi. Un lavoro di forte impegno privo di qualsiasi retorica, dove l'estrema funzionalità delle immagini e il ritmatissimo montaggio, diventano parte essenziale di un discorso commovente, umano, anticonvenzionale."

U-BOOTE WESTWÄRTS (1941) – "... Film di stile documentaristico, si attiene a una minuziosa descrizione dell'ambiente e degli uomini. Eccellente materiale umano, con i suoi drammi, i suoi eroismi, le sue paure, i suoi pensieri, il suo spirito combattivo. Da ciò scaturisce con concreta evidenza, la grandiosità degli eventi di cui i marinai tedeschi sono partecipi ".

WILLY BIRGEL

Nel 1937 per i suoi alti meriti artistici, il raffinato e romantico Willy Birgel venne insignito del titolo di **"Attore di Stato "**. Nato a Colonia il 19 Settembre del 1892, Birgel aveva debuttato sullo schermo nel '34 in EIN MANN WILL NACH DEUTSCHLAND e da allora prese parte a una serie di film che gli fecero conquistare subito, una posizione di rilevante prestigo artistico.

La sua recitazione, nonostante il costante atteggiamento di uomo fatale e d'irresistibile seduttore, era spesso venata da sottile e garbato umorismo, che ben si amalgamava con il cliché di amoroso passionale.

Fra le sue interpretazioni più efficaci o, per più versi, indicative, vogliamo ricordare i film: BARCAROLE ('35); VERRÄTER ('36); UNTERNEHMEN MICHAEL ('37); ZU NEUEN UFERN ('37); DER BLAUFUCHS ('38); DER FALL DERUGA ('38); GEHEIMZEICHEN LB 17 ('38); VERK LUNGENE MELODIE ('38); DER GOVERNEUR ('39); HOTEL SACHER ('39); KONGO EXPRESS ('39); MARIA ILONA ('39); DAS HERZ DER KONIGIN ('40); FEINDE ('40); KAMERADEN ('41); DIESEL ('42); DER DUNKLE TAG ('43); DU GIEHÖRST ZU MIR ('43); DER MAJORATSCHERR ('44); ICH BRAUCHE DICH ('44); MUSIK IN SALZBURG ('44); DIE BRÜDER NOLTENIUS ('45); LEB' WOHL, CRISTINA ('45) rimasto incompiuto.

Immensamente popolare in tutta Europa negli anni Quaranta, Willy Birgel, elegante, simpatico, versatile, riuscì a creare uno stile personale che ebbe vasta eco e influenza sugli astri nascenti del cinema tedesco... anche se poi, per le ben note ragioni, nessuno potè succedergli e occuparne il posto lasciato vacante.

HEINRICH GEORGE

George, nato a Stettino il 9 Ottobre 1893, apparteneva a quel gruppo di attori tedeschi i quali continuando la grande tradizione di Baumeister, creavano loro i personaggi dal più profondo del sentimento, attingendo a una schietta e genuina sensibilità popolare.

Paragonabile a una figura rubensiana che godeva la vita a ghiotte sorsate, George recava in se il segno del grande mimo popolare, cioè di un uomo che aveva il genio della semplicità.

A queste caratteristiche egli toglieva qualsiasi volgare significato, per ricondurle alla loro robusta, ingenua e appassionata origine. Di figura grande e massiccia, con l'ampio viso dell'uomo pieno di vigore, prediligeva i ruoli in cui all'esteriore sicurezza e vigoria del fisico corrispondeva, un'intima frattura dell'anima, una sensibilità esasperata, oppure un'aperta e densa comicità.

Contemporaneamente attore d'istinto e di cervello, sapeva dare alle sue interpretazioni contorni misurati e attenti, facendo uso parsimonioso dei propri "potentissimi" mezzi espressivi, e "frenando" il naturale slancio della sua fantasia... con consapevolezza.

Per capire George e la sua ventennale fortuna di artista, non c'è modo migliore che quello di leggere certe dichiarazioni in cui è racchiusa la sua poetica e insieme, il suo codice morale e personale. Egli amava l'arte che usava ingredienti elementari ed eterni, come la vita, la collera, l'amore, l'odio, la morte, la lotta, la forza, il coraggio. Per questo fece sempre "centro" nel cuore del pubblico, ("campione d'incasso"... lui, destinato fin dal suo debutto a ruoli di carattere) il quale gli decretò una popolarità immensa che non conobbe mai flessioni.

Aveva debuttato nel cinema nel '21, interpretando una serie di film di secondo piano, fino a quando nel '25-26, Fritz Lang gli fornì l'occasione decisiva: quella di interpretare la parte del capo macchine in METROPOLIS.

Dopo qualche altra notevole caratterizzazione, fu chiamato in Inghilterra da E.A. Dupont, per interpretare il rude personaggio dell'uomo del faro, nel film MENSCHEN IM KÄFIG (1930), al quale seppe conferire uno straordinario vigore drammatico e anche una fremente carica di erotismo; nonostante i limiti impostigli dal fisico privo di avvenenza.

Fra i suoi migliori film dei primi anni del sonoro, BERLIN ALEXANDER PLATZ (1931) di P. Jutzi, un classico dello schermo che dovette la sua fama a un ritratto sociale di vasto respiro, a una verità di rappresentazione dei casi umani. Sulla "filigrana" del nome di George (protagonista) il cast allineava altri nomi del teatro e del cinema d'anteguerra.

Intanto la sua attività cinematografica alternata a quella teatrale non conosceva soste, e sempre negli anni '31 – '33, in qualità di protagonista fu presente sul set di MENSCHEN HINTER JUGEND di C. Froelich e di SCHLEPPZUG M. 17, in cui si cimentò anche come regista rivelando, anche in questa veste, il suo talento di artista e uomo di spettacolo.

Da allora, molti altri direttori artistici seppero trarre buon partito dalla sua maschera monolitica, e così vennero DER ANDERE e DREYFUS (1931); DER MANN, DEN DER MORD BEGING e WIR SCHLATEN UM AUF HOLLYWOOD (1932), GOETHE LEBT....e DIE LETZEN TAGEN VOR DEM WELTBRAND (1933), anno in cui fu chiamato da Steinhoff per interpretare il ruolo del padre del ragazzo in HITLER JUNGE QUEX. Un film che divenne famoso, nel quale George confermava il suo "altissimo" livello professionale con un'interpretazione da meditare e da ammirare.

Il successo di QUEX provocò una valanga di scritture per George, il quale apparve in numerosissimi film, dei quali meritano di essere ricordati: HERMINE UND DIE SIEBEN AUFRECHTE e STUTZEN DER GESELLSCHAFT (1935); DIE GROSSE UND DIE KLEINE WELT (1936); BALL IN METROPOL e

UNTERNEHMEN MICHAEL (1937); FRAU SYLVELIN (1938). Ed eccoci al famoso HEIMAT di Carl Froelich ('38), realizzato con straordinaria densità interpretativa dal felice binomio regista - attore, soddisfacendo, in pieno, le esigenze formali di un'opera che registrò un clamoroso successo di pubblico e critica. Nel '39, avvenne il grande "incontro" con Harlan... altamente profiquo per entrambi, che si protrasse fino alla "fine".

In DAS UNSTERBLICHE HERZ la loro collaborazione vedeva George, nel ruolo di protagonista, tendente a dare vita e volto a un personaggio complesso che sondava i palpiti della sua anima per trasformarli in movimenti d'azione e pensiero.

Nel 1940 George raggiunse l'apice della popolarità per l'interpretazione di una serie di film di altissima qualità, che impegnarono le sue "multiformi" caratteristiche artistiche in raffinati e codificati modelli espressivi.

Dopo SENSATIONPROZESS CASILLA, ecco FRIEDRICH SCHILLER (DER TRIUMPH EINES GENIES) di Herbert Maisch, un film che ancora oggi negli anni due mila molti registi "alla moda", sarebbero onorati di poterlo firmare.

"Friedrich Schiller", L.Dagover, H.Caspar, H.George

Poi eccolo di nuovo con Harlan sul set di JUD SÜSS, nella generosa ed efficace caratterizzazione del duca del Wurtemberg, Karl Alexander, e infine, a conclusione della stagione, protagonista dell'eccellente DER POSTMEISTER di Gustav Ucicky.

Del tutto impotenti le parole per esprimere la grandezza della recitazione di George in questo film, una recitazione di piglio (ora robusto ora teneramente chiaroscurato), drammatica, passionale, lirica, perfettamente "concatenata" con le immagini di Hans Scheeberger... vere magie di pastose composizioni. Poi nel '41, PEDRO SOLL HÄNGEN con Harlan, esperienza non degna di nota.

Una nuova collaborazione con Carl Froelich, nel '42 produsse quel HOCHZEIT AUF BÄRENHOF, che alcuni critici dell'epoca, definirono "... il film in cui il gusto finissimo della composizione emana incancellabili pagine di alto valore cinematografico".

Con ANDREAS SCHLÜTER, sempre dal 1942, realizzato da Herbert Maisch, George proponeva con robusti valori drammatici, la figura di colui che nei primi anni del XVIII° secolo, venne sopranominato "il Michelangelo prussiano". Solo un attore della sua levatura, poteva soddisfare le esigenze formali dell'intima espressività di un siffatto personaggio, sia sul piano della intuizione come su quello della creatività, ed egli fu tanto abile da farne una "verità" di rappresentazione umana.

Seguirono DER GROSSE SCHATTEN e SCHICKSAL nel '43; WIEN 1910 e DER VERTEIDIGER e KOLBERG nel '45, con i quali il grandissimo artista concludeva la sua "luminosissima" carriera e... purtroppo si congedava per sempre, da quel pubblico che lo aveva tanto amato e applaudito.

Nel maggio del '45, quando i Sovietici entrarono a Berlino, Heinrich George fu uno dei primi "nazisti" a essere arrestato e inviato nel lager di Sachsenhausen dove, dopo aver subito brutalità e sevizie, si spense il 26 agosto del 1946.

"Evidentemente..." non ci sono state tramandate notizie precise sui suoi ultimi giorni di vita, trascorsi, come si è detto, in mani Sovietiche ma, prestando fede al profilo di lui fattoci dalla grande attrice francese Edwige Feuillere, che ebbe l'opportunità di conoscerlo e frequentarlo in occasione di periodiche riunioni culturali dedicate al cinema franco - tedesco a Parigi nel 1941, dobbiamo ritenere che egli sia rimasto "fedele" al suo clichè... sopratutto in quella ultima "interpretazione".

La Feuilliere ha detto: " **... penso che anche nell'avversità dell'ingiusto e crudele destino, l'animo e la tempra di George non siano state intaccate. Il sangue freddo e la disinvoltura che lo animavano fra le quinte di un palcoscenico, devono averlo aiutato a fronteggiare anche l'ultimo spettacolo.**"

Vogliamo ricordare anche :

LIL DAGOVER (Marta Maria Lilitts). **Attrice di stato dal 1937.**

Nata a Madiven(Giava) il 30 Settembre 1897. Nel cinema dal 1920, interpretò più di 80 film molti dei quali, di eccellente fattura, diretti da illustri registri quali F. Lang, R. Wiene, C. Froelich, F. Murnau, W. Liebeneiner, etc.

PAUL DAHLKE. Attore di stato dal 1937. Nato a Streitz (Pomerania) il 12 Aprile 1904. Debuttò sullo schermo nel '34, e in seguito interpretò numerosissimi film, spesso come protagonista.

LYDA BAAROVA

Nata a Praga il 12 Maggio 1910. Ebbe modo di cimentarsi alternativamente con personaggi drammatici, brillanti e perfino umoristici, disegnando sempre "figure" profondamente efficaci.

Diessel e Brooks in "Die Buchse Der Pandora"

GUSTAV DIESSEL

Nato a Vienna il 30 Dicembre 1899 – morto a Vienna il 19 Marzo 1948. Marito di Maria Cebotari. Sullo schermo fin dal 1921, incontrò la grande occasione con ABWEGE (1928) del regista G.W. Pabst, dove sostenne il ruolo di protagonista accanto a Brigitte Helm. Attore preferito del grande regista viennese (G.W. Pabst), Diessel interpretò con lui anche DIE BÜCHSE DER PANDORA ('29), DIE WEISSE HÖLLE VOM PIZ PALU ('30), WESTFRONT 1918 ('30), DIE HERRIN VON ATLANTIS ('32), KOMÖDIANTEN ('41).

Interprete tra i più significativi, nel corso della sua ventennale attività si mantenne fedele a una linea di intensa sobrietà espressiva, senza rinunciare sul piano psicologico a sofferti approfondimenti del personaggio.

"Der Golem" Paul Wegener

PAUL WEGENER

Nato a Bischdorf (Prussia Orientale) l'11 Dicembre 1874 – morto a Berlino il 13 Settembre 1948. Sposò successivamente Ida Ahlers, la cantante Änny Hindermann, e le attrici Lyda Salmonova, Gerta Schröder ed Elisabeth Wegner. Di nobile e facoltosa famiglia, fu tra i primi in Germania a comprendere le enormi possibilità del cinema e a impegnarvisi con slancio e fervore, sia in veste di interprete come in quella di regia.
Favorito da una corporatura imponente e dalla sua maschera mongoloide, diede incarnazione a una serie di personaggi pieni di carne e di sangue, rivelando un'intensità e uno stile indimenticabile.
Tra gli innumerevoli film da lui interpretati, ricordiamo DAS UNSTER BLICHE HERZ e DER GROSSE KÖNIG (1942), ambedue di Veit Harlan.

"Das Unster Bliche Herz" con Kristina Söderbaum e Paul Wegener

VIKTOR STAAL

Nato a Frankstadt (Moravia). Sposato con Hansi Knoteck.
Brillante interprete di numerosi film fra i quali meritano di essere segnalati:

ZU NEUEN UFERN (1937), CAPRICCIO (1938), LIEBESSCHULE (1940), DIE GROSSE LIEBE (1942), VIA MALA (1944).

OTTO GEBÜHR, attore di stato dal 1935.

Nato a Kettwig (Ruhr) il 29 Maggio 1877 – morto a Wiesbaden il 13 Marzo 1954. Marito dell'attrice Doris Krüger. Nel 1920 il regista C. Boese, che cercava un attore per il ruolo del giovane Federico II nel film DIE TÄNZERIN BARBERINA, colpito dalla grande rassomiglianza dell'attore con il re prussiano (soprattutto nel profilo), lo prescelse fra i molti aspiranti. Da allora, non ci fu film su Federico II, senza la partecipazione di Gebühr, diretto di volta in volta da: A. Von Cserepy, G. Lamprecht, G. Uciky, F. Zelnik, C. Froelich, V. Harlan.

I REALIZZATORI

Willi Forst

WILLI FORST

Nato a Wienna il 17 Aprile 1903, Wihlelm Frohs in arte Willi Forst, acquistò enorme popolarità e notorietà negli anni '30-40, per una serie di film musicali e leggeri che egli diresse o interpretò come attore.

Prima l'operetta, poi il teatro, quindi il cinema fin dal 1927, che si rivelò il campo dello spettacolo a lui più adatto, perché lo vide a partire dall'inizio del sonoro, come uno dei più brillanti interpreti dello schermo austro - tedesco, particolarmente nel genere musicale.
Forst ebbe modo di mettere in risalto il suo festevole charme, la sua sorridente mondanità e la sua garbata futilità, attraverso una serie di film - operetta di enorme successo... successo che fece così cadere certe riserve di alcuni critici al suo fisico, ritenuto poco fotogenico (testa grossa, naso e mento pronunciati, bocca sfuggente).

L'eclettico artista s'impegnò anche in ruoli più o meno drammatici, come in ATLANTIK di Dupont ('29), in BRENNENDES GEHEIMNIS di Siodmak ('33) e in SO ENDETE EINE LIEBE di Hartl ('34).
La sua filmografia di regista, inizia con LEISE FLEHEN MEINE LIEDER ('33), il cui successo strepitoso, incontrato in tutto il mondo, valse a introdurre nel cinema la moda delle biografie romanzate dei celebri compositori.
Col successivo MASKERADE ('34) che raccontava in un tono fra spiritoso, cinico e patetico, la "storia" di uno scandalo mondano, attinta dalle cronache del bel mondo viennese.
Forst condusse a maturità il suo stile, sensibilissimo a cogliere il frivolo clima di certi ambienti aristocratici.
Il film, ritratto e "profumo" di un'epoca ormai favolosamente lontana, ebbe anche il merito di rivelare Paula Wessely, un'attrice ricca di sfumature psicologiche e di squisito pudore.
Nel '35, venne MAZURKA un attento e ambizioso film costruito per Pola Negri... dove, di notevolissimo interesse, si poteva ammirare la presentazione di uno stesso episodio secondo due diverse visuali.
ALLOTRIA del 1936, fu invece una commedia pochadistica, spesso arguta e basata sull'estro di un valido quintetto d'interpreti, ma anche su certe "maliziose" invenzioni registiche.

Dopo BURGTHEATER e SERENADE, del 1937, film di grande suggestione spettacolare, ecco BEL AMI di cui Forst fu anche protagonista. Un'opera fresca, divertente, rivissuta con sincerità di spirito.

Willi Forst gira il film "Operette"

Nel '40, OPERETTE, una carrellata attraverso la Vienna ottocentesca ai tempi della fioritura dell'operetta.

Il successivo film fu WIENER BLUT ('42), una pellicola in cui rifulsero, sull'onda dei valzer e in una scintillante cornice, le virtù più autentiche di Forst, accortissimo nel trovare il punto giusto di fusione tra l'elemento comico e quello musicale e nell'evocare, con affettuoso spirito di omaggio, il clima artificiosamente e amabilmente canoro e spensierato di una Vienna celebrante il trionfo della musica, dell'amore, delle libagioni e delle belle donne.

"Wiener Blut"

Poi... in seguito agli avvenimenti del 1945, Willi Forst si ritirò dal cinema per dedicarsi al giornalismo.

Carl Froelich

CARL FROELICH

Nato a Berlino il 5 Settembre 1875, Froelich debuttò nel cinema come operatore di film spettacolari e di attualità nel 1903, unitamente al suo socio Oskar Messter, altro pioniere del cinema tedesco.
Nel 1908, un suo documentario su un disastro accaduto sulla ferrovia sopraelevata di Berlino, fece epoca. Durante la prima guerra mondiale, presentò i primi cinegiornali tedeschi. Nel 1919 fondò la Maxim-Film, che ribattezzata Froelich-Film, entrò a far parte dell'UFA nel 1920.
Il suo debutto nella regia, avvenne con "ZU SPÄT" (1910), cui seguirono "DIE WELT IN WAFFEN" (1911) e un film biografico su Richard Wagner (1912). Nel 1919 girò alcuni film con una beniamina del pubblico, Lotte Neuman, poi diresse Asta Nielsen in "DER IDIOT" e Lil Dagover in "LUISE MILLER – KABALE UND LIEBE" (1922).

"Luise Miller – Kabale und Liebe"

Nel 1929, girò in doppia versione (franco - tedesca) "DIE NACHT GEHÖRT UNS", primo film parlato tedesco, interpretato da Hans Albers. Seguirono "HANS IN ALLEN GASSEN" e "LOUISE, KÖNIG VON PREUSSEN" (1913). In collaborazione con l'italiano Augusto Genina, nel 1932 diresse "MITTERNACHTSLIBE", e sempre nello stesso anno, fu consulente tecnico di Leontine Sagan durante le riprese di "MADCHEN IN UNIFORM" (il capostipite dei film psicologici d'ambiente scolastico).

Quando nel 1933 il partito nazionalsocialista salì al potere, Froelich aderì con entusiasmo alle iniziative prese dal nuovo Ministero dell'Informazione e della Propaganda, il quale si apprestava a dare vita alle nuove strutture del settore cinematografico, ponendo la sua intelligenza e il suo sperimentato mestiere al servizio del Paese.

Più tardi, in segno di riconoscimento per l'apporto dato (dal punto di vista organizzativo e industriale) prima fu nominato presidente del Comitato Direttivo della UFA; successivamente, nel 1936, gli venne concesso il titolo di "Professore" e, infine, nel 1939, fu nominato presidente della Reichfilmkammer e chiamato a far parte del Senato Culturale del Reich.
Al compimento del 65°compleanno, per volere del Ministro Goebbels venne insignito della Medaglia Goethe per le Arti e le Scienze, mentre la giuria della Mostra Internazionale d'Arte cinematografica di Venezia, premiava il suo film "HEIMAT" con la Coppa del Ministero della Educazione Nazionale, riservata alla migliore regia.
Fu lui a dirigere la prima applicazione pratica, nel 1937, del brevetto "opticolor" (procedimento Berthou-Siemens), sperimentandolo con soddisfacenti risultati nel film "DAS SCHONHEITSFLECKC", interpretato da Lil Dagover e Wolfgang Liebeneiner.
Altre tappe fondamentali del suo "curriculum", furono: **1936:** "REIFENDE JUGEND" - "TRAUMULUS"; **1938:** "DIE 4 GESELLEN" (interpretato da Ingrid Bergman); **1939:** "HEIMAT" - "ES WAR EINE RAUSCHENDE BALINACHT"; **1940:** "DAS HERZ DER KÖNIGIN"; **1941:** "DAS GASMANN"; **1942:** "HOCHZEIT AUF BÄRENHOF"; **1944:** "FAMILLE BUCHHOLZ" (due episodi).
Poi, vennero… "l'arresto"… "il campo di concentramento"… "la denazificazione"… "l'interdizione dal lavoro".

NDR. Nel dopoguerra, 1951, Froelich tornò al cinema con il film "KOMPLOTT AUF ERLENHOF ", e continuò a lavorare fino al giorno della sua morte, avvenuta il 12 Febbraio 1953.

Nella sua lunghissima e operosa carriera di artista, Carl Froelich diresse più di 70 film, quasi sempre rigorosamente esatti dal punto di vista tecnico, minuziosamente ricostruiti nei particolari scenici, sempre interpretati da coloro che furono i beniamini del pubblico negli anni Trenta -Quaranta.

Onore e riabilitazione dunque, per un uomo di spettacolo come Froelich, un "artista" che spese la sua esistenza per esprimere, in elementi visivi, i privilegi di un discorso ricco di pagine dignitose e umane. Ricordiamolo!

VEIT HARLAN

La vitalità artistica e commerciale del cinema tedesco, negli anni del Terzo Reich, fu dovuta a un pugno di uomini di grande talento uno dei quali, senza dubbio, fu il Professor Veit Harlan.
"E'matematico!....Quando si dispone di buon materiale umano, i risultati non possono mancare", diceva di lui il dr. Goebbels... e bisogna convenire che nel caso specifico, aveva ragione.
Creatore attivo, capace e geniale, in fatto di spettacolo cinematografico, Harlan fu l'artefice dei più grandi successi europei degli anni 40-45.
Il maggiore merito di Harlan fu quello di saper usare il cinema, "come mezzo privilegiato", per dialogare su temi ideologici e politici, con le masse. Evidentemente... certe testimonianze del cinema sovietico, in particolare alcuni film di Eisenstein, avevano avuto per lui grande valore istruttivo.
Harlan, nato a Berlino il 22 Settembre 1899, dopo avere studiato recitazione con Max Reinhardt, intraprese la carriera di attore divenendo interprete di fama nazionale, fra il 1924 e il 1934, con "WALLENSTEIN" e

"GOTZ VON BERLICHINGEN", le sue più riuscite apparizioni sulle scene dello Staatsth di Berlino.

Nello stesso arco di tempo incominciò a interessarsi di scultura, fotografia e cinematografo, dove fu protagonista di numerosi film, fino a quando nel 1935 passò alla regia.

Dopo aver diretto "DIE POMPADOUR" in Austria, e "ALLES FÜR VERONIKA" a Budapest, ecco manifestarsi la personalità di Harlan con "DER HERRSCHER", del 1937.

Basato su una sceneggiatura di Thea von Harbou (la collaboratrice di tutti i film di Fritz Lang) e Curt J. Braun (tratta da "VOR SONNENUNTERGANG " di Gerhart Hauptmann,) il film si ispirava "chiaramente" ai personaggi della famiglia Krupp... anche se, ovviamente, i nomi erano diversi.

La trama: Un magnate dell'acciaio si trova in aperto contrasto con i famigliari, per via di una sua relazione sentimentale con la segretaria... colei, che dimostra di essere la "unica e vera"amica, non interessata.

Si giunge a un clamoroso processo, che mette a repentaglio la stessa esistenza del gigantesco impero industriale, dal quale il capitano d'industria esce vincitore.

Il verdetto della Giustizia permette al capo famiglia di sbarazzarsi dei "rapaci" eredi, e di volgere tutte le proprie energie al lavoro... del quale beneficerà, alla sua morte, tutta la comunità.

Ecco dunque il primo, di una serie di film, recanti un messaggio di esaltazione dedicato allo spirito di volontà e di sacrificio del singolo individuo, che intende tramandare alla collettività, alla Nazione, ai posteri, il frutto del proprio lavoro.

DER HERRSCHER, venne definito dalla propaganda "ufficiale" "**... il primo film della nuova area cinematografica tedesca....**", mentre altri aggiunsero che si trattava del "**... primo grande risultato della nuova politica artistica nel Reich**".

In realtà, si trattò di un grande successo artistico e commerciale, dovuto a una costruzione lineare di ottimo livello qualitativo, formata da elementi essenziali, vivificati da un insieme violento, autorevole e sintetico.

Le risorse sceniche di Emil Jannings, il protagonista, per il temperamento e la natura stessa della loro formazione artistica, unite alla sensibile perizia di Harlan, cogliendo lo spirito e l'"essenza"di personaggi e cose, fecero il resto.

In riconoscimento di queste qualità, il 15 Marzo 1937, la pellicola ricevette il "pradikat" con l'appellativo di **"Film particolarmente raccomandato per il suo valore politico e artistico"**.

La prima in pubblico ebbe luogo il 17 Marzo, e fu salutata dalla presenza del dr. Goebbels che assistette alla proiezione seduto accanto a Jannings e Marianne Hoppe (l'altra protagonista del film).
Poi il successivo 1 Maggio, DER HERRSCHER ricevette il "Premio Nazionale del Cinema - 1937"... occasione che permise a Veit Harlan e a Emil Jannings, di essere ricevuti alla Cancelleria del Reich da Hitler, il quale volle esprimere loro le sue felicitazioni per "**... un 'opera che recava onore e prestigio alla Germania."**
Emil Jannings, sempre per la sua interpretazione nel film, ricevette "l'anello onorifico del cinema tedesco" e fu nominato "Kultursenator" (consigliere culturale), titolo con il quale, effettuò un viaggio "ufficiale" in Svezia nel mese di Ottobre, per presenziare alla prima del film a Stoccolma, galà al quale intervennero anche i reali.
Nel frattempo, la giuria della Mostra del Cinema di Venezia, gli aveva assegnato la "Coppa Volpi", riservata al migliore attore, per la sua interpretazione in "DER HERRSCHER".
Alla esposizione "Internazionale di Parigi", sempre nel 1937, DER HERRSCHER rappresentò "ufficialmente" il cinema tedesco.
"Per pura coincidenza"... Harlan, sempre nel 1937, subito dopo lo strepitoso successo di DER HERRSCHER, realizzò una commedia leggera tratta da "Fiston" di André Birabeau, intitolata "MEIN SOHN, DER HERR MINISTER" con l'interpretazione di Paul Dahlke e Francoise Rosay.
Vale la pena di spendere due parole per questo film, per il solo fatto che esso venne realizzato nel periodo in cui in Francia imperava il "Fronte Popolare" e quindi, presentare al pubblico francese un film basato sulle vicende di un agitatore comunista, il quale infiltrato negli ambienti democratici, pretende di regolare "simultaneamente" i compiti dei comunisti e quelli dei parlamentari, "irrettiva negativamente" gli spettatori. Molto astutamente, per fare si il che il film avesse ampia diffusione sul mercato francese, il principale ruolo femminile venne affidato a un'attrice francese di buona popolarità, quale era appunto in quegli anni, Francoise Rosay.

All'inizio del 1938, Harlan affrontava il tema della difesa della gioventù e dell'amore in JUGEND, una commedia drammatica di aperta condanna contro il puritanesimo.
Su una sceneggiatura elaborata ancora una volta da Thea von Harbou, tratta da una commedia di Max Halbe, Harlan concepiva e realizzava con

rigorosa misura ma nello stesso tempo con plastica evidenza spettacolare, un film vigoroso mirante "chiaramente", a far parlare il linguaggio del cuore.

JUGEND segnò il debutto nel cinema tedesco, della bella e brava attrice svedese Kristina Söderbaum la quale per questa sua interpretazione, divenne celebre da un giorno all'altro e firmò subito dopo, un contratto di esclusiva con la Tobis per la durata di 10 anni. E non fu tutto... perchè sul set di JUGEND, fra il regista e la diva nacque l'amore, amore che trovò poco dopo lo sbocco naturale nel matrimonio.

Nel 1939, Harlan ridusse per lo schermo un'opera di suo padre, Walter, ispirata al geniale inventore Peter Henlein.

DAS UNSTERBLICHE HERZ, ambientato nel XVI secolo a Norimberga (il film era una apoteosi della meravigliosa città), presentava l'idealismo, le virtù e il disinteresse personale di un cittadino esemplare, nel contesto di una storia romanzesca e spettacolare, superbamente interpretata da quel indiscutibile grandissimo attore che rispondeva al nome di Heinrich George.

Sempre del 1939, Harlan sceneggiava e dirigeva "DIE REISE NACH TILSIT" traendo spunto da una novella lituana di Hermann Suedermann, alla quale già nel 1927, si era ispirato Friedrich Murnau per il suo film "L'AURORA".

Una storia semplice, in chiave realistico - psicologica, che poneva di fronte due donne, il loro modo di vivere, la loro morale. Elske (la tedesca) e Madlyn (la polacca) si contendevano lo stesso uomo (Endrik), marito di Elske. La tranquilla famiglia contadina era in subbuglio a causa della insostenibile situazione creatasi e Endrik, per uscirne, meditava un uxoricidio che non ebbe luogo per l'intervento di un gruppo di contadini. Un film pieno di pathos, stilisticamente "perfetto", una antologia di sequenze di eccellente fattura.

Girato in esterni a Memel, nella Prussia Orientale, "DIE REISE NACH TILSIT" recava l'indiscutibile impronta di un talento, quello di Harlan, giunto a una "prestigiosa" maturità... grazie anche all'apporto dei suoi "fedelissimi" collaboratori, primo fra tutti quel "mago" della fotografia che aveva nome Bruno Mondi, il quale fra le dune del Baltico, aveva realizzato immagini degne di comparire nella migliore storia del cinema mondiale.

Eccezionali i primi piani di Kristina Söderbaum fotografata con velatini; cromaticamente sfumati i paesaggi con immagini di struggente bellezza;

penetrante suggestione, nel geniale uso di una illuminazione su diversi piani, nelle drammatiche sequenze del conflitto di anime.

La prima ebbe luogo a Tilsit, il 2 Novembre del 1939, il successo artistico e commerciale durante il lungo sfruttamento durato fino al 1945, fu enorme.

Col successo di "JUD SÜSS" (1940), su sceneggiatura di Ludwig Metzger, Eberhard Wolfgang Moller e dello stesso Harlan, il regista berlinese raggiunse la vetta della popolarità.

Servendosi del testo dell'ebreo Lion Feuchtwanger (che diede alla stampa nel 1921 il suo romanzo JUD SÜSS), gli sceneggiatori manipolando con grande abilità, talento e mestiere, diedero corpo a una trama impegnata di motivi ideologici e spettacolari di grande effetto, tale da poterne ricavare un film fastoso, corposo, di vasto respiro e sicura presa sul pubblico.

Un prodotto che... per "ovvi" motivi, attirò su di se la curiosità e l'interesse di tutto il mondo. Una parabola biblica incastonata in una storia moderna!

Un film politicizzato?... Senza dubbio!... Ma noi siamo qui per giudicarlo "solamente" come prodotto d'arte e di spettacolo. Per questo... "senza tema di smentita", affermiamo che "JUD SÜSS" fu un film di una forza espressiva "eccezionale", un prodotto in grado di competere con i più grandi film realizzati a Hollywood negli Anni-Quaranta.

Le compiaciute descrizioni degli ambienti e dei costumi, il geniale uso degli elaborati movimenti di macchina, lo spiccato senso plastico e il raffinato gusto figurativo dell'attenta composizione di ogni inquadratura, oltre all'interpretazione di grandissimo risalto di tutti gli attori, si intrinsecavano amabilmente in una miscela di chiaro - scuri di concretezza realistica, fino a fondersi e a penetrare psicologicamente personaggi e situazioni.

La prima mondiale del film ebbe luogo a Venezia il 9 Settembre 1940, alla Mostra del Cinema, con la presenza del regista e dei due principali interpreti, Kristina Söederbaum e Ferdinad Marian. Un successo gigantesco!

Tale successo si estese rapidamente in tutta Europa, tanto che il "Filmkurier" in data 16 Luglio 1941, a proposito di quello che veniva definito "il film più emozionante e più applaudito", scriveva:

"Dopo 8 settimane di proiezioni al Colisée di Parigi, il film ha già battuto il primato di presenze e incassi".

"Der Grosse König" Otto Gebuhr, Paul Wegener

Di tono minore fu "DER GROSSE KÖNIG" (1942), film meritevole di particolare attenzione giacché anch'esso, a guerra finita, fu accusato di essere un film "politicizzato", realizzato per volere di Goebbels, il quale intendeva **"rafforzare i sentimenti del popolo tedesco facendogli identificare la figura di Federico il Grande con quella del Führer"**.

Anche in questo caso, come nel precedente JUD SÜSS, noi ci limiteremo ad analizzare il film dal "solo"punto di vista cinematografico, e diremo subito che si trattò di un prodotto di "altissima" qualità, una delle opere più elaborate in senso stilistico, che si realizzarono sotto il Terzo Reich.
Lo spettatore assisteva dall'inizio alla fine dello spettacolo, a un flusso di immagini piene di forza e vigore, che l'esperta mano del regista orchestrava in molteplici linee anche quando, talvolta indugiava sui singoli tagli figurativi. Nel ruolo di Federico II ancora una volta si vedeva Otto Gebühr, il quale dominava a perfezione il personaggio, in modo da poter esprimere con impeto e calore, le più riposte sfumature psicologiche del regal pensiero.
Con Gebühr, concorrevano al successo del film anche la Söderbaum (Luisa), Gustav Fröhlich nel ruolo di Treskow, Paul Wegener in quello di Czernitscheff, e molti altri attori di prestigio. Un posto di menzione anche alla pregevolissima fotografia di Bruno Mondi e all'efficace commento musicale di Hans Otto Borgmann, anche lui un "fedelissimo" di Harlan.
Sempre nel 1942, appena terminato "DER GROSSE KÖNIG", Harlan iniziò le riprese di "DIE GOLDENE STADT" in agfacolor, su una sceneggiatura da lui elaborata insieme ad Alfred Braun, dall'opera "Der gigant" di Richard Billinger.
Vuoi per una trama circondata da un'atmosfera carica di sensualismo, per il meraviglioso paesaggio boemo, per i lussureggianti costumi, per lo splendore della vecchia Praga, per l'efficacissima interpretazione, per l'eccezionale fotografia a colori (una vivace tavolozza di delicati acquerelli), fatto é che ne uscì un film che ottenne un successo "enorme"... successo consacrato da uno sfruttamento che ancora seguitava negli Anni-Settanta.
Presentato alla X° Mostra del Cinema di Venezia, il film fu premiato con la Coppa della Presidenza della Camera Internazionale del Film, mentre l'attrice Kristina Söederbaum, ricevette la Coppa Volpi per la migliore interpretazione femminile.
Successivamente, il dr. Goebbels a nome del Führer, conferì ad Harlan il titolo di "Professore", per gli alti meriti artistici da lui messi in luce nel complesso della sua attività.

"**Die Goldene Stadt**", K.Söderbaum e Paul Klinger

Quando "DIE GOLDENE STADT" fu distribuito in Svezia, Harlan e la Söederbaum furono invitati ad assistere alla prima e ricevettero dalla università di Uppsala, la laurea "honoris causa".

A Stoccolma, il "Club Internazionale dell'Alta Società" li accolse con un calorosissimo applauso, a un pranzo organizzato in loro onore, al quale partecipò anche il re.
Infine... per dare un'idea del "fantastico" successo che il film ottenne in tutti i Paesi dove venne esportato, aggiunsero che in Finlandia, a Helsinki, DIE GOLDENE STADT fu proiettato consegutivamente per "TRE ANNI", nello stesso cinematografo.
A Parigi, dopo 20 settimane di programmazione al cinema "Normandie", oltre 550 mila persone avevano già visionato il film, che nel successivo periodo di altre 25 settimane, battè il precedente record di spettatori detenuti da JUD SÜSS, l'altro film di Harlan.
La stessa UFA, impreparata a un successo di tali proporzioni, rimase interdetta quando apprese che il plenipotenziario tedesco a Parigi, aveva telegrafato a Goebbels:
"nessun ambasciatore avrebbe potuto sostenere meglio la causa tedesca, del film di Harlan".

A questo proposito, il 4 Marzo del 1943 in occasione del 25° anniversario dell'UFA, il direttore generale della prestigiosa firma, Ludwig Klitzsch, su proposta di Alfred Hugenberg (presidente onorario), offrì ad Harlan l'incarico di capo della produzione UFA.

Mentre l'UFA festeggiava il giubileo, Harlan si trovava impegnato nelle riprese di "IMMENSEE", un nuovo film in agfacolor. Ancora una volta il binomio Braun - Harlan per la sceneggiatura (tratta da una novella di Theodor Storm), Kristina Söederbaum e Karl Raddatz i protagonisti, fotografia di Bruno Mondi, musiche di Wolfgag Zeller.

Un nuovo Harlan... forse "volutamente", per dimostrare di essere "maestro" nel trattare qualsiasi tema: dal politico allo storico, dal melodrammatico al sentimentale romanzato.
IMMENSEE... un lirico e meraviglioso clima di gioia e tristezza; la purezza della poesia sostenuta da una musica intensa e gravida di phatos; un'atmosfera romantica sostenuta dai caldi e grigi colori della natura, fotografati in modo eccellente.

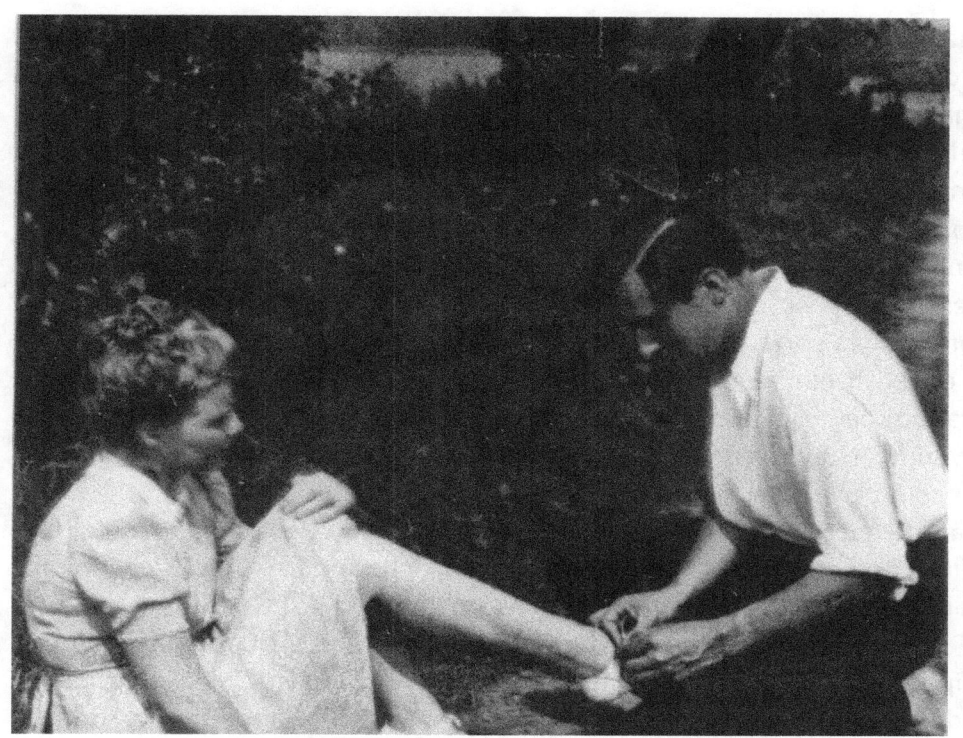

"Immensee" Söderbaum e Raddatz

Il filo che conduceva la trama di questo spettacolo pieno di poesia, si basava sui ricordi di un musicista e una vedova protagonisti in gioventù, di una storia d'amore contrastata dal destino.
Una volta ritrovatisi, essi speravano di recuperare la felicità perduta.
1944: "OPFERGANG", in agfacolor, stessi sceneggiatori, stessi protagonisti, stesso operatore, stesso regista, del precedente "IMMENSEE". E, si potrebbe aggiungere, stesso stile, stessa atmosfera, stesso romanticismo e amore per la natura. Diversa la trama, che vedeva un ricco armatore di Amburgo, reduce da un viaggio in Estremo Oriente, incontrarsi con la moglie e con l'amante.
Poi... una rovinosa caduta da cavallo, proprio nei giorni in cui si era propagata notizia di una epidemia di tifo. Quindi, quarantena in clinica... mentre la moglie, affrontava la rivale la quale, poco tempo dopo, moriva contaggiata dal morbo... rievocando nel delirio gli attimi del suo amore con il protagonista.

Una volta dimesso dalla clinica, l'armatore trovava ad attenderlo la moglie la quale lo conduceva negli stessi luoghi, dove in precedenza, egli aveva amato la donna che ormai non c'era più.

Nel 1945, quando il crepuscolo si stava rapidamente avvicinando, Harlan terminò "KOLBERG", in agfacolor, un film che Goebbels gli aveva "sollecitato" fin dal giugno 1942. Per la produzione di questo film, che venne considerato di interesse nazionale, tutti i servizi dello Stato vennero messi a disposizione a partire dal 1943, anno in cui iniziarono le prime riprese della parte documentaria.

In effetti il film era iniziato allora, proseguendo per tutto il 1944 fino a quando, nel 1945, Harlan lo aveva ultimato in modo che la prima potesse avvenire a Berlino il 30 Gennaio, data in cui Hitler era stato nominato Cancelliere, 12 anni prima.

Dunque ancora un film storico per Harlan, l'ultimo della parabola, l'ultimo della "grande" serie nazionalsocialista... l'ultimo disperato appello alla resistenza al fronte e all'interno del Paese.

La resistenza del piccolo porto baltico, nei pressi di Danzica, contro le truppe di Napoleone... la mancata ratifica di un armistizio da parte del re Federico Guglielmo III, che spronava militari e civili alla resistenza contro il nemico, come nel caso di Kolberg, questi i motivi "fondamentali" del film.

La sceneggiatura filmata dal solito binomio Braun - Harlan, e il valido sostegno di un gruppo di eccellenti attori, dettero modo al regista di lanciare "ancora" una sferzata di vitalità artistica la quale, in quei giorni, assumeva un importantissimo contenuto spirituale, come risulta da una dichiarazione che lo stesso Harlan rilasciò nel corso di una conferenza stampa nel 1944: **"Ho voluto mostrare ai giovani di oggi, l'eroismo dei nostri avi. Questo film sarà un monumento alla gloria di Gneisenau e Nettelbeck, e un monumento alla gloria degli abitanti di Kolberg... ma soprattutto, dovrà essere un monumento alla gloria dei tedeschi di oggi".**

Poi, vennero "il caos"... "la prigione"... "la denazificazione". Ma leggiamo come lo stesso Harlan, ha descritto i fatti nelle sue Memorie. **"La libertà di stampa, per calunniare "spudoratamente" l'individuo, inventando menzogne su menzogne al solo scopo di distruggerlo moralmente e fisicamente... perchè da tali calunnie, non potrà più liberarsi. Lo dico perché é accaduto a me. Sono stato messo in prigione per motivi "assurdi"...e ho dovuto attendere per "3 LUNGHI ANNI", prima della cosidetta "denazificazione".**

Poi, finalmente, nel 1948 dopo 7 mesi di dibattito, una speciale Commissione di denazificazione, ha relegato il mio caso nel "cosidetto" Gruppo V... vale a dire, nel gruppo di coloro che si erano dichiarati "non colpevoli". Nel frattempo, dato che tutti i nostri averi erano stati confiscati (pensate all'assurdità: come profitti di regime), Kristina stava effettuando una tournée teatrale attraverso al Germania, con "incredibile" successo.

La verità é che il pubblico che accorreva con tanto entusiasmo ad applaudirla sapeva di accomunare nel plauso, Kristina e il regista dello spettacolo... che ero io, tutti lo sapevano, ma per volere dei "liberatori" non potevo figurare con il mio nome.

Si giunse al 3 Marzo del 1949, data in cui innanzi alla Corte d'Assise di Amburgo iniziò il processo a mio carico... processo che ebbe termine il successivo 29 Aprile con l'emanazione di una sentenza, nella quale si dichiarava la mia "NON COLPEVOLEZZA" nei confronti dello Stato.

Si giunse al 3 Marzo del 1949, data in cui innanzi alla Corte d'Assise di Amburgo iniziò il processo a mio carico... processo che ebbe termine il successivo 29 Aprile con l'emanazione di una sentenza, nella quale si dichiarava la mia "NON COLPEVOLEZZA" nei confronti dello Stato.

Prima di giungere a questo verdetto, avevano visionato il mio filM "JUD SÜSS" per ben "5 volte", e
avevano ascoltato più di 100 testimoni. A proposito di quei testimoni, accadde un fatto sconvolgente, ancora oggi avvolto nel "mistero": alcuni giorni dopo la deposizione a mio favore, la signora Marian (moglie dell'attore Ferdinand protagonista del film) fu trovata morta avvelenata nel suo letto. "Suicidio"... dissero, ma io non lo ho mai creduto! Ritornando alla sentenza che assolveva tanto me che il film, essa specificava anche che "JUD SÜSS" non rappresentava un "crimine contro l'umanità".
Fu allora che il procuratore generale chiese la revisione del processo e la Corte d'Appello di Colonia esaminata la richiesta, l'accettò e avocò a se la causa dichiarando... dopo 6 settimane, che **"JUD SÜSS ERA UN BELLISSIMO FILM, MA MALGRADO LE TESTIMONIANZE A FAVORE, DOVEVA ESSERE DICHIARATO CRIMINALE E, COME TALE, INTERDETTO E DISTRUTTO!**
Potenza degli ebrei!

Harlan all'uscita dalla Corte d'Assise riceve le congratulazioni per l'assoluzione con la formula di "non colpevolezza"

Tornai al cinema nel 1951 con il film "DIE UNSTERBLICHE GELIEBTE", ma in occasione della prima, le organizzazioni politiche di sinistra, organizzarono manifestazioni di massa per impedirne la programmazione. Subito dopo, esercitarono tutto il loro peso politico per far sì che la produzione che aveva realizzato il film non potesse più ottenere finanziamenti governativi, qualora avesse intrattenuto ulteriori rapporti di lavoro con me e Kristina. E fu così... che fummo licenziati."

NDR. Il "professore" Veit Harlan, continuò a gravitare nel mondo del cinema (diresse altri 6 film di cui uno particolarmete interessante: "DAS DRITTE GESCHLECHT", sul tema della rieducazione degli omosessuali), fino a quando, improvvisamente, morì a Capri il 23 Dicembre 1964.

Veit Harlan dirige Sans Laisser de Traces (1938)

HELMUT KÄUTNER

Helmut Käutner nato a Dusseldorf il 25 Marzo 1908, molto noto in Germania e in Europa negli anni Quaranta come sceneggiatore, potè realizzarre il suo primo film come regista solamente nel 1940. Si trattava di KLEIDER MACHEN LUTE, una storia ambientata in una cornice provinciale dove, per un bizzarro equivoco un modesto sarto bavarese veniva scambiato per un inviato segreto dello zar. Un film dignitoso, ma niente più.

Alla fama internazionale Käutner giunse l'anno successivo, con AUF WIEDERSEHEN FRANZISKA, storia del difficile amore fra un irrequieto corrispondente di guerra e una donna sedentaria... un messaggio spiritualmente elevato, comune a milioni di uomini.
In un alternarsi di noia, poesia, drammaticità e tormenti spirituali, la regia seppe condurre con sicurezza, polso e agilità, il dipanarsi degli stati d'animo

fornendo ai protagonisti, con piccoli dettagli, fugaci ma marcate sfumature psicologiche.

Dopo la parentesi brillante di WIR MACHEN MUSIK (1942), Käutner diresse ANUSCHKA ('42) e ROMANZE IN MOLL ('43) un'opera di introspezione, condotta con severa nitidezza di stile da una mano "maestra", avente ormai la padronanza assoluta della "chiave" cinematografica.

Nel '44, venne GROSSE FREIHEIT NR. 7, una seguenza di immagini di rara bellezza e di grande interesse, narrate da un lineare linguaggio realistico... con incisività e calda intimità.

Senza avere pagato alcun tributo per la sua attività professionale durante il Terzo Reich, Helmut Käutner tornò al lavoro fin dal 1974 e, in seguito, venne invitato anche a Hollywood per dirigere un film ambientato nella provincia americana.

Wolfgang Liebeneiner

WOLFGANG LIEBENEINER

Regista e attore del cinema e del teatro, Wolfgang Liebeneiner nato Liebau in Slesia il 6 Ottobre 1905, attratto dal cinema apparve fra il 1931 e il 1936, in una serie di film dove ebbe modo di affermarsi come interprete di romantica delicatezza e acuta penetrazione.

Basti pensare al finissimo LIEBELEI ('33) o al fortunatissimo ABSCHIEDSWALZER ('34), dove egli impersonava Chopin.

Dietro la macchina da presa esordì nel '37, con DER MUSTERGATTE, film leggero e divertente, cui fecero seguito molte altre opere di varia intonazione.

Dopo il garbato VERSPRICH MIR NICHT ('37) e YVETTE ('38) delizioso acquerello basato sul racconto di Maupassant seguì DER FLORENTINER HUT ('39) ispirato dal racconto di Labiche, dal quale René Clair aveva composto il suo capolavoro UN CAPPELLO DI PAGLIA DI FIRENZE.

Progetto ambizioso e pericolosissimo dunque, quello di Liebeneiner, ma il risultato finale (gliene fu dato atto in campo internazionale) fu onorevolissimo... se è vero che i due film, furono giudicati di "eguale" livello artistico.

Per questo il nome di Wolfgang Liebeneiner salì di colpo al vertice della notorietà... e da qui, il conferimento da parte dello Stato del titolo di "Professore", oltre ad altre onorificenze.

Il successivo impegno dell'artista fu BISMARCK ('40), che la critica ha annoverato sia sul piano artistico che su quello illustrativo, come una delle opere più scrupolose attente ed efficaci, ralizzata in tutti i tempi del cinema tedesco.

ICH KLAGE AN ('41) fu uno dei primi film nobilmente realistici dove emergeva l'angoscia per la fatalità del male, in una descrizione asciutta, tesa, dolorosa, ossessiva.

"Ich Klage An", Heidemarie Hatheyer e Mathias Wieman

A esso seguirono DAS ANDERE ICHe DIE ENTLASSUNG ('42), altri due film che per diverse intuizioni espressive, non fecero che confermare Liebeneiner come uno dei più dotati uomini di cinema.

Poi, nel '43, venne GROSSTADTMELODIE e infine, nel '45 quel DAS LEBEN GEHT WEITER sceneggiato insieme a Carl Ritter, sfortunatamente rimasto incompiuto per fatti di forza maggiore.

Per essere stato direttore artistico della FILMAKADEMIEdal 1938 al 1945, e a capo della produzione UFA dal 1942 al 1945, Liebeneiner venne arrestato... "denazificato" e interdetto dall'esercitare qualsiasi attività. Dopo il 1950, l'eclettico artista trovò modo di riprendere il lavoro in Austria, producendo opere ancora degne di nome.

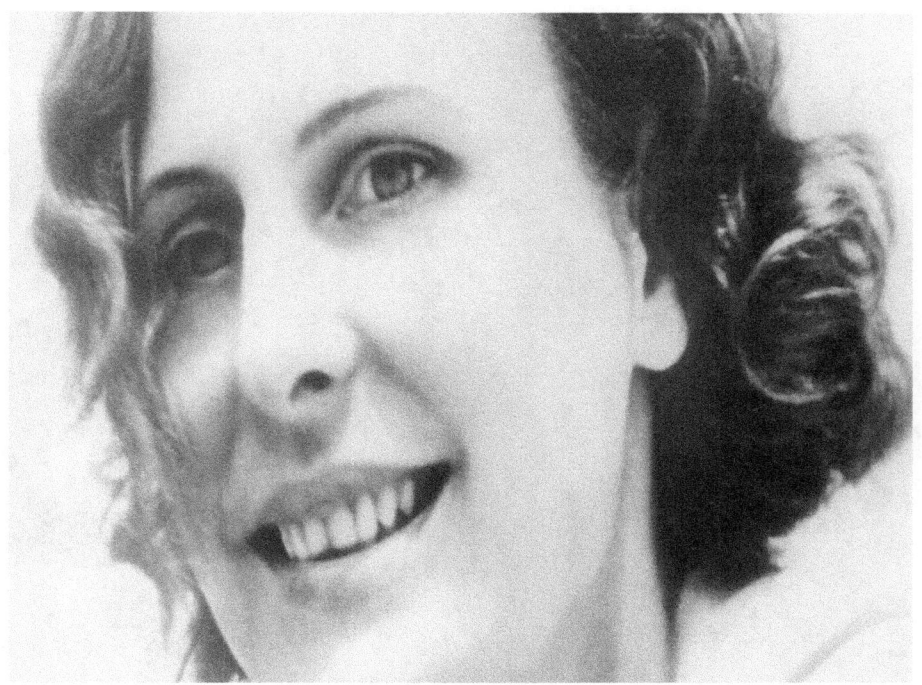

LENI RIEFENSTAHL

Regista, attrice e produttrice cinematografica, Helene Bertha Amalie Riefenstahl, nata a Berlino il 22 Agosto 1907, iniziò la carriera artistica studiando pittura e danza, arte nella quale rivelò subito notevole talento tanto che Max Reinhardt la scritturò, portandola in tourné in varie capitali europee, nel 1924.

Il suo accostamento con il cinema avvenne nel 1926, quando A. Fanck che cercava una giovane attrice in grado d'interpretare la figura di una ballerina appassionata della montagna, la notò e le affidò il ruolo di protagonista in DER HAILIGE BERG ('26), nel cui prologo ella eseguiva la propria "Danza del mare", di gusto espressionistico.

Dopo la scoperta del cinema e della montagna, la Riefenstahl si dedicò interamente a interpretare una serie di film sullo stesso soggetto, sempre diretti da Fanck: due con caratteristiche di commedia, DER GROSSE SPRUNG ('27) e DER WEISSE RAUSCH ('31); gli altri, con caratteristiche drammatiche : DIE WEISSE HÖLLE VOM PIZ PALÜ (co-regia Fanck-Pabst) e STÜRME ÜBER DEM MONTBLANC ('30), ai quali va aggiunto l'avventuroso SOS EISBERG- SOS EISBERG girato in Groenlandia, nel '33.

Joseph Goebbels, Leni Riefenstahl e Adolf Hitler

STÜRME ÜBER DEM MONTBLANC ('30), ai quali va aggiunto l'avventuroso SOS EISBERG- SOS EISBERG girato in Groenlandia, nel '33.

A parte, si deve ricordare una mirabile interpretazione della Riefenstahl in una storia ispirata alla tragedia di Mayerling : DIE VETSERA, girato in Austria nel '28. Quando il nazionalsocialismo salì al potere, nel '33, la Riefenstahl si trovava impegnata sul set di DAS BLAUE LICHT, nel ruolo di soggettista, interprete, produttrice e co - regista, insieme a B.Balazs.

Nel film, ispirato a una leggenda popolare dolomitica, accanto a immagini di luminoso fascino visivo, primeggiava la splendida bruna bellezza sportiva della protagonista... una bellezza in grado di esercitare un enorme fascino e una forte suggestione su un numero sempre più vasto di spettatori. Fra questi ultimi, vi era anche il giovane dr. Goebbels, il quale conosciuta la versatile artista, volle presentarla a Hitler.

Fu così... che la Riefenstahl venne incaricata di realizzare il cortometraggio SIEG DES GLAUBEN ('33), dedicato al I Congresso del Partito NAZIONALSOCIALISTA. Il risultato fu tra i più positivi (si notava grande maestria sopratutto nel montaggio), e così seguirono TAG DES FREIHEITS ('35) dedicato alla Wermacht, e il "famoso" TRIUMPH DES WILLENS ('36) che a Venezia, vinse la Coppa Istituto Luce per il migliore documentario.

Girato con oltre 30 macchine da presa, il film (superbamente montato e fotografato) era ricco di grandiosi effetti spettacolari, a detta di critici internazionali, **"mai raggiunti prima da film del genere nella vasta produzione mondiale."**

Di analoga "maestria" il successivo OLYMPIA, dedicato alle Olimpiadi di Berlino del 1936, per la realizzazione del quale, vennero mobilitati 45 operatori i quali impressionarono oltre 40.000 metri di pellicola.

Opera di "soggiogante" bellezza (inquadrature montate al rallentatore davano a gare come il salto in alto e la maratona un'autentica drammaticità, mentre altrove, per esempio nei tuffi, dominava il culto dell'armonia e della bellezza fisica), OLYMPIA si aggiudicò ex aequo al Festival di Venezia, la Coppa Mussolini assegnata al miglior film, e portò il cinema tedesco a livelli di massima ed entusiastica considerazione in campo mondiale.

Ma per essere stata autrice dei tre succitati filmati (subito sequestrati e interdetti per 20 anni) nel 45, per volere della Commissione alleata di controllo, la Riefenstahl, dopo la confisca di tutti i beni, sarà rinchiusa in un campo di concentramento e infine, sottoposta a un processo di "denazificazione".

Da quel momento iniziò una *via crucis* che ebbe termine solamente nel dicembre del 1949, quando l'ultimo tribunale di denazificazione (quello di Friburgo) rilasciandola, pose termine a sofferenze inaudite... inflitte a una persona la cui sola colpa era quella di aver realizzato film durante il III Reich. Gli americani, durante il periodo in cui fu prigioniera, l'avevano torturata sottoponendola a elettroshock, iniettandole allucinogeni, etc... etc..., fino a quando l'avevano *ceduta* ai francesi i quali, oltre a derubarla di tutte le attrezzature cinematografiche (bagagli, oggetti personali, etc...), non si erano certo distinti dai loro predecessori in quanto a imposizioni di sofferenze fisiche e psichiche.

Quindi fu di nuovo nelle mani degli americani che la rinchiusero nel campo di Barenkeller (Cantina dell'orso), dove si trovò in compagnia di più di mille prigionieri militari e politici.

Era una larva senza alcun diritto, perennemente scortata da una guardia anche per andare in bagno... senza contatti con alcun essere vivente. Fu relegata in un ospedale psichiatrico dove le venivano consegnati libretti in cui si descrivevano minuziosamente vari modi per suicidarsi; era obbligata ad assistere a torture e brutali sevizie perpetrate su prigionieri tedeschi, ad ascoltare le loro urla, le grida disumane... e altri lamenti.

Era costretta a presenziare ai pasti degli ufficiali, mentre per lei non vi era cibo. Apostrofata nei termini più volgari e disgustosi quali:

puttana nazista... Hitler è morto... è morto... non potrai più fargli... (sesso orale). Ecco la cagna di Satana che non vedrà mai più la luce...

Durante la detenzione, veniva sottoposta quotidianamente a interminabili interrogatori con visioni fotografiche di cadaveri che, le veniva detto, provenivano da Dachau, Bergen - Belsen, Auschwitz, Buchenwald, Teresienstadt, etc.., dove erano situati campi di concentramento di prigionieri di guerra, ebrei, zingari e asociali.

Le domande erano:
- *Guardi queste fotografie! Pensa che siano autentiche?*
- *Assurdo!*
- *Cosa sa di questo? Ha mai visto niente di simile?*
- *Assolutamente no!*
- *Hai avuto amici ebrei?*
- *Moltissimi...*
- *E che cosa gli è successo?*
- *Sono emigrati chi a Mosca, chi in America.*

E, a conclusione, sempre la stessa intimidazione: se fosse risultata colpevole di menzogna, sarebbe stata condannata a morte. Le sue risposte venivano sempre stenografate e le sottoponevano anche diversi formulari.
Un giorno giunsero a chiederle di raccontare alcuni dettagli sessuali di Hitler. Enormemente stupita, rispose che non capiva perché avrebbe dovuto essere a conoscenza di "intimità" sul conto del Führer, al che l'inquisitore incalzò che, pur rendendosi conto del suo imbarazzo, era necessario dicesse tutta la verità, tanto, aggiunse:
Non è certo un delitto essere stata a letto con Hitler! Stia pure certa, che non lo diremo a nessuno. Vogliamo solamente sapere se egli era sessualmente normale o impotente... come si presentavano i suoi genitali... e così via. Devo insistere, perché sono informazioni indispensabili per studiarne e comprenderne il carattere.
A questo punto, con i nervi a pezzi e fuori dalla grazia di Dio, la Riefenstahl urlò:
Si tolga dai piedi e si vergogni! Se ne vada, tanto non risponderò più a nessuna domanda.

Nel frattempo la campagna scatenata contro di lei continuava a non placarsi. Già nel '48, un settimanale scandalistico francese era uscito pubblicando una fotografia della Riefenstahl con la didascalia "Le danze nude di Leni Riefenstahl per Hitler", aggiungendo nel notiziario interno, che Hollywood si preparava a realizzare un film (tratto dal *Diario* di Eva braun), dove la figura della Riefenstahl sarebbe stata interpretata da Marlene Dietrich.
Nel 1949 il rotocalco di Monaco, "Revue", si dilungava in notizie come queste:

Gli zingari utilizzati per le riprese del film Bassopiano *della Riefenstahl, sono stati reclutati nel campo di Auschwitz...*
E ancora:
La Riefenstahl assiste al massacro degli ebrei in Polonia, vittime dei soldati tedeschi...

Con pubblicazione di fotografie che niente avevano a che fare con quanto affermato nelle didascalie. Nel 1950 il settimanale belga "Weekly" pubblica un lungo articolo *demenziale* anche agli occhi dei più sprovveduti, corredato da una ampia serie fotografica, dove si asserisce che Leni Reifenstahl era:
Figlia di un idraulico berlinese, il quale le aveva facilitato la carriera facendola ballare come danzatrice di streptease, in un equivoco locale della capitale, dove ella aveva conosciuto lo scrittore cinematografico Béta Bàlasz (ebreo), che l'aveva convertita alle teorie marxiste.
Poi era avvenuto il "fatale" incontro con Hitler, il quale era stato informato da un rapporto della Gestapo che la Riefenstahl era una ebrea polacca (quindi passibile di espulsione dal Reich), ma egli non volle tenerne conto e la salvò dalla camera a gas...

Peraltro a parziale consolazione di queste ignobili speculazioni che, in quel periodo, primeggiavano sui periodici, pronti a colpire tutti coloro che avevano avuto rapporti con il regime nazionalsocialista, ci furono anche personaggi della cultura che inviarono alla Riefenstahl attestati di grande stima.

Eccone alcuni:

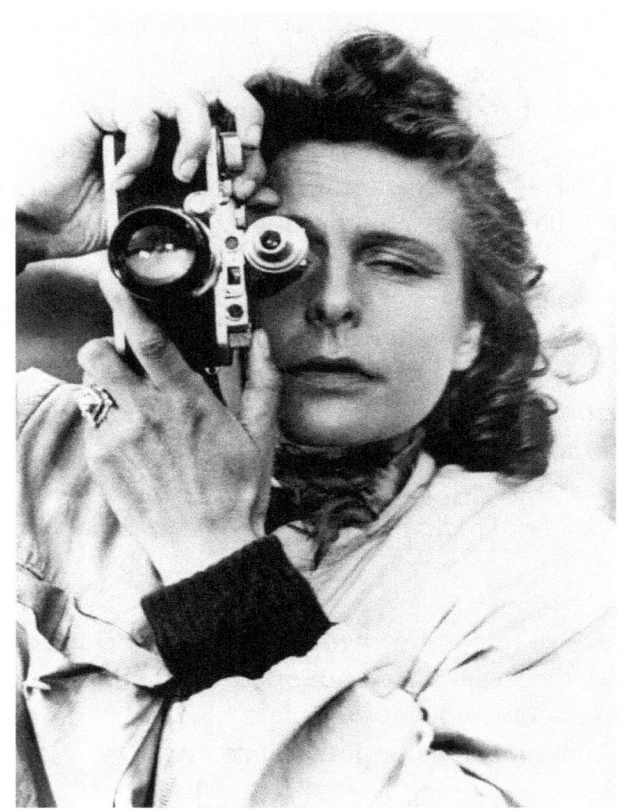

Eccone alcuni:

Parigi, 7 Maggio 1952
Mia cara L.R.
Come potrei non essere un suo ammiratore, dacchè lei è il genio del cinema e ha portato quest'arte a vertici raramente toccati? Sarei molto felice di poterla conoscere.
La saluto di cuore. Mi darebbe grande gioia ricevere due righe da lei, sui suoi progetti e la vita privata...

Suo Jean Cocteau

Roma, 3 Luglio 1952
Noi italiani abbiamo imparato molto da lei, perché è stata la prima a girare le scene abitualmente filmate in studio, nei loro contesti originali. Ha persino ripreso una funzione religiosa in chiesa!

Roberto Rossellini

Cinecittà, 9 dicembre 1952
Mi sono informato sui suoi progetti e, quando ho saputo che dalla fine della guerra le è stato vietato di dedicarsi al lavoro, mi sono commosso, e aggiungo che sarei onorato di potere realizzare un progetto insieme a Lei...
Vittorio De Sica

Leni Riefenstahl dedica la sua foto all'autore

Dopo i tre anni di internamento, aveva tentato di riprendere il lavoro, ma il boicottaggio (non dichiarato) dei "vincitori" continuava e continuerà ancora per molti anni, durante i quali varie proposte cinematografiche saranno respinte... anche sceneggiature già scritte che non si realizzarono mai... programmi cancellati... un viale del tramonto inarrestabile! La persecuzione proseguiva inesorabile, al punto che una serie di progetti di elevato valore artistico e commerciale, non trovarono mai pratica attuazione.

Fra questi è doveroso menzionare:
Die *Roten Teufel* (I diavoli rossi) del 1954, al quale avrebbero dovuto partecipare Vittorio De Sica, Brigitte Bardot e Jean Marais;
Friedrich und Voltaire (Federico e Voltaire) del 1955 con Jean Cocteau;
Drei sterne am Mantel der Madonna (Tre stelle sul manto della Madonna) del 1955 con Anna Magnani.

Quando il 26 agosto del 1972 iniziarono i Giochi Olimpici a Monaco, gli organizzatori pensarono di presentare all'UFA-Palast am Zoo di Berlino il suo *Olympia* e la invitarono a parteciparvi.
Era ciò che aspettavano i suoi "soliti" nemici, i quali, oltre a tempestarla di telefonate anonime e minatorie con minacce di morte, inscenarono subito vibranti proteste tanto che la visione dovette essere cancellata, nonostante tutti i posti fossero già stati prenotati.

Attraverso radio, televisione, stampa e invio di numerosi telegrammi al borgomastro, la comunità ebraica esercitò, tramite il rabbino Bubis, tutta la sua influenza per la messa al bando del film, giustificando il boicottaggio in quanto *Olympia* era un film nazista, la cui proiezione suonava gravissimo affronto alla memoria dei sei milioni di ebrei uccisi.
A parziale consolazione per la Reifenstahl la BBC dedicò al film una trasmissione che si concludeva con l'affermazione di Stephan Herst (responsabile del servizio):

Olympia resterà una pietra miliare nella storia del cinema...
E quella di Norman Swallow (produttore esecutivo dell'emittente inglese):
Quale è stata l'unica colpa della Riefenstahl? Essere ammirata da Hitler!

Precedentemente negli anni sessanta, l'editore Plon aveva pubblicato un libro dal titolo *Sei milioni di morti,* una specie di biografia di Adolf Eichmann; in un capitolo intitolato "Le secret di Leni Riefenstahl", si affermava che durante la guerra la Riefenstahl aveva girato, per incarico di Eichmann, un film sui campi di concentramento.
L'autore dello scritto, tale VictorAlexandrov (molto probabilmente nome di copertura), concludeva dicendo che la regista, per timore di sequestro, aveva occultato il materiale in un luogo sconosciuto.
In seguito a denuncia della Riefenstahl, ne seguì una causa innanzi al tribunale di Parigi (nel frattempo era giunta notizia che il libro sarebbe stato editato anche in Germania), la cui sentenza stabiliva che il volume avrebbe dovuto essere ritirato dalla circolazione, qualora non fosse stato immediatamente soppresso il capitolo incriminato.

Naturalmente essendo qualificata come colei che con i suoi film aveva contribuito ad accrescere il prestigio del nazionalsocialismo, non poteva avere diritto ad alcuna pensione di vecchiaia, e così, essendo assillata da grossi problemi economici, per superare la crisi si mise a scrivere libri che incontrarono l'interesse di un editore di Monaco, Paul List, il quale nel 1973 pubblicò i ricordi delle sue esperienze africane con un volume intitolato: *Die Nuba Menschen wie von einen anderen Stern* (*I Nuba,* Mondadori, Milano 1978).

Il successo sul piano internazionale fu tale che nel 1976 lo stesso editore fece uscire: *Die Nuba von Kau* (*Gente di Kau,* Mondadori, Milano 1977), a cui seguirono nel 1978 *Korallengärten* (*Giardini di corallo,* Mondadori,Milano 1979) e infine nel 1982 *Mein Afrika* (*La mia Africa,* Mondadori, Milano 1983).
Grazie a questa nuova attività, la sorprendente "Signora del III Reich" riuscì a risollevare i suoi problemi finanziari, in considerazione della grande diffusione che le opere ebbero contemporaneamente in USA, Francia, Italia, Giappone, Inghilterra e, naturalmente, in Germania.

Nell'Ottobre del 1975, il "Sunday Times Magazine" presentò il reportage della Riefenstahl sui Nuba con cinquanta fotografie, cosa che le valse la medaglia d'oro per "Il migliore servizio fotografico del 1975". Fu il primo meritato riconoscimento tributatole dopo trent'anni di forzato isolamento.

Leni Refeinstahl la bellezza, la voglia e la forza di vivere
alla celebrazione del suo 100mo compleanno

Nell'inverno del 1982 andò a St. Moritz per poter lavorare in assoluta tranquillità a un libro di memorie, quando le giunse notizia che il Comitato Olimpico Internazionale la invitava a partecipare alla proiezione del film *Olympia* in occasione della "Settimana olimpica" a Losanna.

Lieta di andare, appena arrivò in città fu accolta con grandi festeggiamenti anche dalla Direttrice del Comitato, la signora Monique Berlioux, che le riservò un appartamento decorato con delicatissimi omaggi floreali.

Purtroppo, poche ore prima della proiezione, accadde un episodio molto spiacevole. Successe che i membri della comunità ebraica, informati dell'evento, avevano avvertito Juan Antonio Samaranch (Presidente del Comitato Olimpico dal 1980 al 2001), che ci sarebbero state manifestazioni ostili contro la presenza della Riefenstahl.

In ossequio a quella specie d'ingiunzione, Samaranch con grande zelo consigliò la Riefenstahl di non partecipare alla proiezione e, come premio di consolazione, pochi giorni dopo le inviò un piatto d'argento con dedica.

Ancora una volta la grande artista doveva confrontarsi con il proprio passato e come se si fosse trattato di una *criminale* della più perversa specie, gran parte della stampa si rammaricava che non fosse stata impiccata a Norimberga insieme agli altri "criminali" di guerra.

Carl Ritter

CARL RITTER

1936: VERRÄTER. WEIBERREGIMENT; **1937:** PATRIOTEN. URLAUB AUF EHRENWORT. UNTERNEHMEN MICHAEL. **1938:** CAPRICCIO. POUR LE MERITE. **1939:** DIE HOCHZEITSREISE. LEGIONE CONDOR (incompiuto); **1940:** BAL PARE; **1941:** STUKAS . ÜBER ALLES IN DER WELT. KADETTEN; **1942:** G.P.U. (Ghepeù); **1943:** BESATZUNG DORA; **1944:** SOMMERNÄCHTE.

"Besatzung Dora" con Hannes Stelzer

Questa, la filmografia del regista, sceneggiatore e produttore Carl Ritter. Chi era costui?... nato a Würzburg nel 1897, dopo aver frequentato l'Accademia di Belle Arti nel 1933 era entrato all'UFA, con mansioni di direttore di produzione. Dall'attività organizzativa, passò presto alla regia dedicandosi prevalentemente alla realizzazione di film patriottici, nei quali profuse il suo puntiglioso e capace mestiere, senza mai perdere d'occhio la componente artistica.

VERRÄTER, fu il primo film di eccelsa fattura realizzato da Ritter, opera unanimamente definita come **"Ottimo film di spionaggio"**, il quale presentato alla Mostra d'Arte Cinematografica di Venezia, ottenne un premio per **"... le sue eccezionali qualità"** (cosi la mensione ufficiale). Successivamente PATRIOTEN, altra pellicola piena di pregi formali, conquistò alla Germania un'altra Coppa della Biennale di Venezia.

Con URALAUB AUF EHRENWORT, il film ambientato su una tradotta diretta al fronte durante la prima guerra mondiale, senza essere coinvolto da intenti propagandistici, Ritter riuscì a narrare un insieme di drammi, di eroismi, di paure e di pensieri facendoli risultare "veri" e incredibili, nonostante le tesi esposte fossero sorrette da "forti tinte". E che dire di POUR LE MERITE (che narrava le gesta del "leggendario" capitano pilota Manfred von Reichthofen), di STUKAS, di ÜBER ALLES IN DER WELT, di KADETTEN, tutti film che documentano memorabili giornate di eroismo divenendo cronaca parlante, al di sopra di uno spettacolo cinematografico.

"Pour le merite", Karl Ritter e Paul Hartmann

Da fatti di questa grande potenza drammatica ed emotiva, scaturiva la sensibilità di Ritter, il quale con una "ondata" di immagini... una specie di coro, esaltanti l'amor patrio, riuscì sempre a produrre opere che hanno onorato il cinema tedesco. Ma c'è di più: per dimostrare di essere in grado di realizzare qualsiasi argomento o soggetto... purché adatto alla trasposizione cinematografica, Ritter diresse anche film "leggeri" (è il caso di CAPRICCIO, una commedia musicale, e BAL PARE'), che si rivelarono dei "dignitosi" prodotti di largo consumo popolare.

A questo proposito, egli venne insignito del titolo di "Professore", in quanto ritenuto uno degli artefici della rinascita del cinema tedesco.

Karl Ritter 1941

Nel '45, Ritter e Liebeneiner avevano sceneggiato DAS LEBEN GEHT WEITER, film che prometteva di essere uno di quei prodotti di altissima qualità, cui il regista ci aveva abituati nella sua sia pur breve carriera, interpretato da Heinrich George e Willy Fritsch.

Purtroppo, causa i noti avvenimenti, il film rimase incompiuto. Ovviamente... per il genere di film che aveva realizzato, dal 1933 al 1945 Carl Ritter venne subito arrestato... "denazificato", e "allontanato" dai teatri di posa. Riuscì a rimettere piede in uno studio cinematografico nel 1954, ma ormai "l'interdizione" aveva fatto il suo corso lasciando tracce "indelebili" anche su un uomo della tempra di Carl Ritter.

HANS STEINHOFF

Di notevole interesse quasi tutti i film realizzati dal raffinato ed eclettico bavarese Steinhoff, un esteta del drammatico d'ambiente.
Nato a Plaffenhofen il 10 Marzo 1882, Hans Steinhoff iniziò la carriera come attore e regista teatrale, arrivando al cinema nel 1922 con il film "KLEIDER MACHEN LEUTE", girato in Austria.
DIE GRÄFIN MARITZA, DER HERR DER TODES, WIEN-BERLIN, DIE TRAGÖDIE EINER VERLORENEN, WENN DIE GARDE MARSCHIERT, DER SONNEKÖNIG, ROSENMONTAG, DIE FASCHINGSFEE, DIE PRANKE, etc... etc... sono alcuni titoli di opere firmate da Steinhoff fino a quando, nel 1933, il suo talento ebbe modo di manifestarsi con risonanza con il film HITLERJUNGE QUEX.
HITLERJUNGE QUEX, uno dei primissimi film propaganda nazionalsocialista, raccontava la storia di un adolescente, figlio di un operaio comunista, che arruolatosi nella gioventù hitleriana cadeva trafitto sotto il pugnale di un comunista, per il trionfo della causa.
Interpretato da autentici giovani hitleriani, il film anticipava la successiva serie della Nouvelle Vague, (che tanto onore portò al cinema francese prima e italiano poi) con rigore classico e nitore quasi da cinema muto. Tra le opere successive MADAME WÜNSCHT KEINE KINDER, LIEBE MUSS

VERSTANDEN SEIN, MUTTER UN KIND, KEINE ANGST VOR LIEBE, sempre nel 1933.

Seguirono, nel 1934, FREUT EUCH DES LEBENS una commedia bavarese interpretata da Wolfgang Liebeneiner un film di spionaggio con Brigitte Helm e Francoise Rosay, DIE INSEL e LOCKVOGEL, commedia giallo-rosa. Con l'inizio del 1935, dopo DER AMMENKÖNIG, cominciò il filone delle opere a carattere storico... film freddi, melanconici, densi di clima impareggiabile, che riesumavano un mondo scomparso con netto e colto linguaggio filmico.

DER ALTE UND DER JUNGE KÖNIG, un lungometraggio di oltre due ore, basato su una sceneggiatura di Thea von Harbou, con l'interpretazione di Emil Jannings (il più grande attore Tedesco dell'epoca) nel ruolo del re di Prussia Federico Guglielmo I e di Werner Hinz, in quello di suo figlio, il futuro Federico II.

Una pagina di lirismo autentica, basata su fatti reali, realizzata con grande senso del ritmo, dei tagli e delle angolazioni, con stacchi serrati su campi e controcampi alternati a lunghi piani - sequenza, sopratutto negli esterni, girati nei luoghi originali.

Un film suggestionante!... basti pensare che il più "alto" titolo di merito lo ricevette oltre oceano, dove venne definito : " il primo esperimento "intelligente" di adattamento dello spirito nazionalsocialista al cinema".
Seguirono EINE FRAU OHNE BEDEUTUNG nel '36, EIN VOLKSFEIND nel '37, TANZ AUF DEM VULKAN nel '38.

Con ROBERT KOCH – DER BEKÄMPFER DES TODES del 1939, biografia del grande medico e scienziato tedesco, Steinhoff raggiunse un vertice di straordinaria popolarità, dovuta all'alta qualità artistica del film da lui realizzato che appariva denso di sostanza psicologica e di struggente pathos.

ROBERT KOCH, presentato alla Mostra Internazionale d'Arte Cinematografica di Venezia, ottenne il Gran Premio per il "migliore film internazionale".

"Robert Koch"

Tra i film di altro genere che Steinhoff realizzò durante la sua fortunata carriera, merita particolare menzione DIE GEIERWALLY (1940), una storia di montagna girata entro una suggestiva cornice, con al centro una bella figura femminile (animata da Heidemarie Hatheyer) ruvida come una roccia.
Seguì OHM KRÜGER (1941), ispirato alla guerra anglo - boera, un film di straordinario impegno artistico che venne coronato da un successo "eclatante"... tanto eclatante che se Steinhoff alla fine della guerra fosse stato ancora in vita, insieme ad Harlan e ad altri "eccellenti" artisti, avrebbe pagato a caro prezzo l'essere stato autore di film "degno" di Cineteca ma... sfortunatamente, violentemente antibritannico per "inconfutabili" verità storiche.
Anche OHM KRÜGER, presentato alla Mostra di Venezia, guadagnò la Coppa Mussolini, riservata al "migliore film estero"
Sulla scia del travolgente successo ottenuto dalle precedenti opere ecco, nel 1942, REMBRANDT, del quale i critici sottolinearono la sagacità

dell'introspezione e l'autenticità della ricostruzione ambientale (gli esterni vennero girati in Olanda nei luoghi dove visse e operò l'artista).

Film di cospicuo impegno spettacolare, elegante e raffinatissimo nell'esecuzione, testimonianza esemplare delle capacità artistiche di una industria al culmine della efficienza, che non disdegna di misurarsi su temi dove i suoi grandi antagonisti si erano già cimentati con successo... vedi il REMBRANDT realizzato nel '36 in Inghilterra da Alexander Korda, con l'interpretazione di Charles Laughton.

All'inizio del '43 Steinhoff era di nuovo dietro la macchina da presa, per dirigere GABRIELE DAMBRONE, film dove erano finalmente raccontate le avventure di un giovane viennese.

Nel 1944, MELUSIME, una storia d'amore profondamente umana ambientata nello Salzkammergut, film del quale non possiamo parlare perché, per ragioni ancora oggi "ignote", non venne mai editato.

Intanto, nonostante l'approssimarsi del crepuscolo (si era nei primi mesi del '45), Steinhoff era di nuovo al lavoro per realizzare quello che secondo le sue intenzioni, avrebbe dovuto essere un secondo HITLERJUNGE QUEX e che invece, causa la sua improvvisa morte, rimase incompiuto.

Proprio così, nell'aprile del '45, il celebre regista stava girando in esterni a Praga ormai circondata dai russi attestati nei sobborghi; SCHIVA UND DIE GALGENBLUME film a colori interpretato da Hans Albers, ed era giunto a oltre metà lavorazione, quando... durante un trasferimento a Berlino, l'aereo sul quale viaggiava veniva abbattuto presso Luckenwalde da velivoli nemici.

Un appuntamento con il "destino"!... Usciva di scena il cinema che lo aveva avuto fra i suoi protagonisti ed egli lo seguiva fino in fondo.

Hans Steinhoff... un uomo che amò il cinema "visceralmente"; un "puro" dell'immagine intesa come creazione e piacere della limpida e geometrica architettura; un regista che magistralmente anticipò e influenzò, con brillante e soffice tocco, un periodo cinematografico prematuramente scomparso.

E' doveroso dargliene atto, restituendogli con "pieno onore", il posto che spetta al suo nome nella storia del cinema.

GUSTAV UCICKY

Nato a Vienna il 6 Luglio 1898, Gustav Ucicky dopo diversi anni di attività come operatore, nel 1926 passò alla regia e lavorò prima in Austria poi in Germania.
La sua carriera di regista ebbe inizio con CAFE' ELETRIC ('28), del quale fu protagonista Marlene Dietrich.

Dopo avere realizzato una quindicina di film, ebbe modo di rivelarsi nell'ambito di una precisa ricerca di stile, che mise in luce nel suo MORGENROT ('33)... un avvincente narrazione di imprese di guerra e di conflitti sentimentali, centrato sulle vicende di un sottomarino durante il primo combattimento mondiale. Ne uscì un film pieno di valori drammatici, dove accanto a un preciso dinamismo della matrice lenta e fluida con la quale egli conduceva i tagli della figura umana, emergeva un modo ruvido e realistico di esporre visivamente i fatti.
Seguì FLÜCHTLINGE ('34), altro film avventuroso ambientato in Manciuria nel 1928, durante la guerra civile cinese, che si rivelò subito come un'opera notevolissima per l'avvincente tensione che la pervadeva, e per i contrappunti visivo - sonori.

Angela Salloker, Gustaf Grundgens e Heinrich George

Vennero poi, tra l'altro, DAS MÄDCHEN JOHANNA ('35), definito dalla critica internazionale come "film di considerevolissimi pregi figurativi"; DER ZERBROCHENE KRUG ('37), MUTTERLIEBE ('39) storia di una madre, rimasta vedova, e dei suoi figli, permeata da scene di calda e vischiosa intimità con la quale il regista ha trovato materia per esprimere un discorso descrittivo, popolare, di vasto respiro (memorabile, la sequenza iniziale quando il padre muore colpito da un fulmine, durante una scampagnata di tutta la famiglia). Ed eccoci a DER POSTMEISTER ('40), Primo premio per il miglior film alla Mostra d'Arte Cinematografica di Venezia. In questo lirico ritratto desunto dall'opera di Puskin, Ucicky forniva una ulteriore conferma della sua particolare attitudine a descrivere i sentimenti quotidiani delle classi popolari... pur nello splendore artistico, immerse in conflitti ora drammatici, ora patetici, ora dolciastri. Poi, nel '41, HEIMKEHR, storia delle peripezie di un gruppo di profughi tedeschi Volinia, alla vigilia dello scoppio della seconda guerra mondiale.

Rudolf Forster, Maria Holst e Paul Hubschmid

Un film denso di drammaticità, minuzioso nel descrivere un'epoca in cui energie, sentimenti e amor patrio, si riconoscono e si raggruppano, per testimoniare la partecipazione diretta alle realtà storiche del momento.

La prolifica filmologia di Ucicky, uno dei più quotati cineasti tedeschi del periodo '30 - 40, nel frattempo si era arricchita anche di altre opere dignitose sul piano di un'eccelsa professionalità, come a esempio AUFRUHR IN DAMASKUS ('39), EIN LEBEN LANG ('40), SPÄTE LIEBE ('43), DER GEBIETERISCHE RUF ('44); DAS HERZ MUSS SCHWEIGEN ('44), AM ENDE DER WELT ('44) rimasto incompiuto.

Al momento del tracollo, nel Maggio del '45, anche "l'acceso" nazionalsocialista Gustav Ucicky dovette pagare il suo "tributo" alla causa dei vincitori e lui, ... cosa che fece con estrema dignità (ancora prima dell'avvento del nazionalsocialismo egli si considerava un "buon" tedesco) espiando le colpe addebitategli, vale a dire quelle di avere diretto film che ebbero "anche" un contenuto di diretta o indiretta propaganda.
Prima di morire ad Amburgo il 27 Aprile 1961, Ucicky tornò sul "set" per dirigere un ulteriore numero di film, senza riuscire a ritrovare la "mano" dei tempi famosi.
A ogni modo, il suo nome va ricordato e annoverato fra quelli dei registi di "solido" e ispirato mestiere, agevolato in questo da una consistente vena politica che fece sempre capolino nella sua vasta produzione.

Altri professionisti di chiara e spiccata personalità, che dimostrarono con i loro film di sapere attingere e raccontare i valori umani e universali, durante il 1933-45, furono:

LUIS TRENKER – VIKTOR TOURJANSKY – GÜNTER RITTAU – FRITZ KIRCHKOFF – HERBERT MAISCH – WERNER KLINGER – REINHOLD SCHÜNZEL – HANS SCHWEIKART – HERBERT SELPIN – JOHANNES HÄUSSLER – GUSTAV GRÜNDGENS – FRAMK WYSBAR – FRITZ HIPPLER – ERICH WASCHNECK – GEORG JACOBY – TRAUGOTT MÜLLER – PETER HAGEN – M.W.KIMMICH – KARL HARTL – ROLF HANSEN – FRANZ WENZLER – ROGER VON NORMAN – GERHARD LAMPRECHT – FRITZ PETER UCH – ROBERT A. STEMMLE – HEINZ PAUL – ALFRED WEIDENMANN – HANS BERTRAM – EDUARD VON BORSODY – HEINZ HELBIG – PAUL MARTIN – JOSEF VON BAKY – CURT GOETZ – KURT HOFFMANN – ARTHUR M. RABENALT – HANS HEINZ ZERLETT – FRANZ SEITZ – GEZA VON BOLVARY – HERBERT B.FREDERSDORF – ARNOLD FENCK – KARL ANTON – JÜRGEN VON ALTEN – VOLKER VON COLLANDE – HANS ZÖBERLEIN – CARL BOESE – CARL KOCH – DETLER SIERCK

Un capitolo a parte:

IL SIGNIFICATO DI UN RITORNO

"GEORGE WILHELM PABST"

Berlino... Parigi... Hollywood... Londra... Parigi... Wienna... Berlino! Sono state le tappe "cinematografiche"della carriera di George Wilhelm Pabst, una personalità di "capitale" rilievo nella storia del cinema, il quale a onta di qualche episodica concessione all'industria, ha dimostrato nel corso della sua più che trentennale carriera, una coerenza fra le più "rare".

Al di là del suo eclettico interesse verso temi e argomenti a volte contrastanti, egli appare in "prospettiva storica", come colui che realizzò opere fondamentali per lo studio del cinema come fenomeno artistico... nel prestigio stilistico.

Dal debutto in chiave espressionistica alla ricerca di un nuovo realismo; dall'esperienza freudiana al realismo psicologico-sessuale; dalla polemica sociale alla pienezza di uno stile in se valido e autonomo, egli ha sempre offerto ampia materia di studio, di analisi, di critica.

Il film che doveva rivelarlo come uno dei più autorevoli rappresentanti di quel realismo psicologico che, prendendo le mosse dalla polemica anti-espressionista del Film - Kammerspiel e sulla traccia della "neue Sachlichkeit", sarebbe divenuto la corrente dominante degli ultimi anni del muto in Germania, fu DIE FREUDLOSE GASSE del 1925.

Lousie Brooks Miss Universo 1930

Un film imperniato sulle vicende parallele di una peripatetica (Asta Nielsen) e di una fanciulla della borghesia (Greta Garbo). Seguì la serie di film noti come la "trilogia sessuale" che servirono da trampolino di lancio per attrici come Brigitte Helm e Louise Brooks.

All'avvento del sonoro, con ispirazioni diverse ma con analogo slancio, Pabst affrontava temi di interesse più generale nella cosidetta "trilogia sessuale": WESTFRONT 1918 nel '30, un affresco di cruda realtà sullo sfondo delle trincee, film coraggioso e polemico.

L'OPERA DE QUAT' SOUS del '31, inequivocabile conferma delle sue doti stilistiche (memorabile la sequenza del corteo finale dei mendicanti), poi nel '32, KAMERADSCHAFT il suo "capolavoro", imperniato sulla sciagura mineraria di Courriéres trasportata all'indomani della I guerra mondiale.

Un film di vasto respiro corale, di cui era protagonista una folla di figure incarnanti particolari situazioni psicologiche e umane, accomunate da un avvenimento che le conivolgeva tutte. Si assisteva a immagini di struggente bellezza; a sequenze e quadri (le donne aggrappate al cancello in attesa di notizie dei minatori sepolti) di insuperato pathos.

Seguirono DIE HERRIN VON ATLANTIS, 1932 e DON QUICHOTTE, 1933; una parabola del classico personaggio di Cervantes, dove la tradizione spagnola riviveva in una serie di sequenze di antologia della storia del cinema, e dove si assisteva alla felicissima interpretazione del basso Chaliapine, il cui canto ieratico e solenne contribuiva in misura essenziale alla definizione del protagonista.

G.W.Pabst e Luigi Freddi a Cinecittà

Dopo di che iniziava il "tour" di Pabst attraverso le varie "mecche" cinematografiche, prima del rientro in patria nel '39, con al suo attivo una sua "perla" della lunga collana, quel MADEMOISELLE DOCTEUR (1937) che rappresentò una straordinaria e meticolosa rievocazione d'ambiente.

Poi, come si é detto, il ritorno... un ritorno che assunse particolare significato e rilievo politico (si era alla vigilia del secondo conflitto), per l'altissimo prestigio che il maestro Pabst "ancora" deteneva nel campo artistico "mondiale".

Dopo una breve permanenza all'Hotel Adlon di Berlino, Pabst si trasferì nella sua nuova residenza, una villa nel Grunewald, dove avemmo la fortuna di intervistarlo il Settembre del'40.

Quale migliore occasione per incontrare il celebre regista, se non nella sua casa... una casa nella quale si rimaneva immediatamente colpiti dalla prorompente atmosfera, che traboccava da ogni angolo e oggetto, di una vita interamente dedicata all'arte, testimoniata da pitture di bozzetti, scene e figurini filmati dai maggiori scenografi internazionali, da scritti, annotazioni, documenti storici e fotografici dell'attività svolta, da saggi, pubblicazioni e da una marea di libri.

Le risposte di Pabst alle nostre domande, furono inizialmente molto laconiche, poi l'atmosfera si sciolse... ed ecco il testo:

D. "Quale ritiene sia il suo miglior film "realista"?...."
R. "Io credo che il solo film da me realizzato degno di tale appellativo sia KAMERADSCHAFT, ma il mio interesse per quel tema era rivolto al messaggio sociale e alla fraternità."
D. "Cos'è il realismo cinematografico?...."
R. "Vede... nel mio film L'OPERA DEI TRE SOLDI era la stilizzazione di tutti gli elementi visuali e sonori, d'una realtà estremamente reale, che rendeva il realismo. Il realismo deve essere un trampolino per raggiungere mete lontane, perchè perso in se stesso, non ha alcun valore. Esso si deve prefiggere di superare la realtà, perché non è che un momento... un passaggio."
D. "Come inserire il film DON QUICHOTTE nella sua carriera?..."
R. "Fra quelli più divertenti."
D. "Quale fra le tante attrici che hanno lavorato con lei ricorda con maggiore simpatia?....."
R. "Louise Brooks."
D. "Perché?...."
R. "Perché sapeva recitare ed era di una fotogenia mai riscontrata in altre dive. Per di più, oltre a essere bellissima, possedeva grazia, educazione ed eseguiva alla perfezione le intuizioni del direttore artistico.
D. "Cosa pensa dell'attuale generazione dei nostri attori?..."
R. "Di primissimo ordine. Il solo tris d'assi formato da Jannings, George e Krauss, può offrire una tale vastità di spazio artistico che la stessa Hollywood, "forse" non è in grado di colmare."
D. "Cosa significa per lei tornare a lavorare per un cinema che lo ha visto protagonista incontrastato per molti anni?......"
R. "Non mi è stato molto difficile prendere una decisione in proposito, dopo l'invito rivoltomi dal Ministro Goebbels di tornare a lavorare a Berlino, perchè durante gli anni della mia ultima attività, ho dovuto amaramente notare che le condizioni di lavoro nei Paesi democratici, non erano così propizie come in passato."
D. "Significa una diagnosi critica ed esplicita, vista dalla sua posizione di autore, contro il cinema dei tempi d'oro?"
R. "Direi di no, perchè è stato proprio in quegli anni che ho gettato le basi per il "discorso" cinematografico che ho cercato di portare avanti con coerenza, e ciò è avvenuto a Parigi come a Hollywood. La precedente risposta voleva dire che le basi per il decisivo consolidamento della mia carriera le ho avute qui... dalla severissima critica berlinese, e preso atto

della radicale opera generatrice operata nel cinema tedesco dalla politica nazionalsocialista, sono tornato qui per riprendere e speriamo "rinvigorire", il discorso interrotto alcuni anni fa."
D. "Quali differenze tra il cinema di Weimar e quello nazionalsocialista?"
R. "Lo spettacolo cinematografico tedesco continua a essere alimentato da quella "fucina" di attori di teatro, che hanno dato e danno un preponderante contributo alla trattazione degli argomenti base, per la realizzazione sia di film d'evasione, come per quelli destinati a imporsi per i loro contenuti culturali e anche politici, che non si differenziano da quelli della tradizione psicologico -analitica tedesca. Tipico esempio, il film HITLERJUNGE QUEX."
D. "Che cosa rappresenta secondo lei lo sforzo produttivo messo in atto dallo Stato, nel panorama culturale tedesco in generale e cinematografico in particolare?..."
R. "Rappresenta l'attuazione di un programma rigoroso e serio, che ha definitivamente sconfitto, l'arretratezza ideologica e il gelo burocratico, tipico del vecchio cinema tedesco. Quanto alla generalizzazione, sono appena tornato ed è perciò difficile per me esprimere giudizi appropriati. Posso onestamente dire per ciò che ho appreso dalla stampa internazionale e per i film prodotti di recente in Germania, i quali ho avuto modo di visionare, che vi è stata una clamorosa evoluzione nella ricerca di elementi tecnici e artistici, che ha portato a un discorso "diverso", molto qualificato sul piano della ricerca cinematografica nell'ambito di una sua specifica funzione "... indirizzata agli studenti, agli operai, ai borghesi, agli impiegati, ai ragazzi". Il cinema non può che essere pluralistico, aperto, intelligente e stimolante, quindi un'idea in immagini strettamente connessa alla cultura. Mi è stato detto che la REICHFILMKAMMER si propone ora di aprire un discorso "europeo", cosmopolita, per dare vita a un cinema che porti un grande contributo all'Europa, attraverso una collaborazione che consenta il comune lavoro di tedeschi, italiani, francesi e di altre componenti artistiche europee."
D. "Come viene considerato oggi il cinema tedesco sul piano internazionale?"
R. "A livello di primissimo ordine!... e non potrebbe essere diversamente, bastano i titoli di alcune opere firmate da illustrissimi colleghi, a darne conferma. L'affluenza del pubblico per assistere alla visione di film tedeschi, si va facendo sempre più massiccia ed è giunta a rappresentare un avvenimento da considerarsi autorevole ed essenziale."

D. "Lei ha opinioni politiche?"
R. "No."
D. "Non si interessa di politica?"
R. "No."
D. "Non crede che la situazione sociale e politica possa influenzare l'opera di un artista?"
R. "No."
D. "Cosa pensa della teoria secondo cui le arti fiorirebbero nei periodi di dittatura e declinerebbero nei periodi di democrazia?"
R. "Credo sia vero. Del resto ne abbiamo un lampante esempio oggi qui... nel nostro Reich."
D. "Cosa pensa della situazione politica tedesca?"
R. "E' il Paese dove il più interessante fenomeno sociale si è manifestato prima che altrove. Un problema politico europeo, che prima o poi coinvolgerà anche agli altri."
D. "Signor Pabst, lei ama la violenza?"
R. "La violenza rappresenta un buon materiale narrativo..."
D. "Ma è buona solo per il cinema o anche per la vita?"
R. "La violenza esiste e viene fuori in qualsiasi situazione... in tutti i settori della vita... in ogni Paese del mondo. Oggi più che mai, noi ne siamo testimoni."
D. "Come si pone di fronte al problema del razzismo?"
R. "Il razzismo si trova fra gente di colore diverso e fra quella di religione diversa... guardi gli ebrei e gli arabi. Esiste poi un razzismo fra ricchi e poveri. Posso dire che nella mia breve esperienza americana, ho constatato che il razzismo e la segregazione non esistono soltanto per i negri, ma anche per ebrei, portoricani, italiani, tedeschi, polacchi, e altre comunità minoritarie.
E' un processo naturale, come quello dell'acqua che si stabilizza a un certo livello. E' una questione di affinità. Le persone colte non stanno bene insieme a quelle poco colte perchè non hanno niente in comune. Personalmente penso che l'ambiente e l'atmosfera culturale influenzino il razzismo, in tutti i Paesi del mondo."
D. "Qualcuno ha detto : "Beati i popoli che non hanno bisogno di eroi." Lei ritiene che sia giusto?"
R. "No. Non sono d'accordo con l'autore della frase da lei citata... a parte il fatto che quel signore ha idealizzato come prototipo di "eroe" il suo

correligionario Carlo Marx, ma questo è un discorso che ci porterebbe lontano... quindi per tornare alla sua domanda, dirò che ritengo "fondamentale" che i giovani possano guardare a un tipo di persona da prendere a modello... si tratti del militare, del politico, ma anche del musicista, del letterato, dello sportivo, dell'artista."
D. "Ha una regola per dirigere gli attori?"
R. "Non è una regola fissa... varia da attore ad attore e, sopratutto da attrice ad attrice, che sono tutte diverse una dall'altra.... perchè sono "donne". La recitazione è una ma i "trattamenti" per arrivare ai risultati sono infiniti."
D. "Quali sono le differenze tra il cinema di ieri e quello di oggi?"
R . " Oggi ci si rivolge a un pubblico sempre più "esigente" e attento, che comincia ad avere una misura dell'arte."
D. "Ha rimpianti?"
R. "Per la carriera, no... anche se avrei potuto fare molto meglio. Alcuni miei film che in passato consideravo brutti, rivedendoli oggi non li trovo poi così "disastrosi" sa perché?... perché il linguaggio cinematografico di allora era quello. L'immagine colta dalla macchina da presa deve valere per se stessa e non come il simbolo di una realtà generale; il che vuol dire che la macchina da presa è uno strumento."

D. "Qual è la maggiore differenza per fare cinema fra Berlino e Hollywood?"
R. "Differenze non ce ne sono, perchè il problema di chi fa il cinema è simile ovunque. Dove pressioni ideologiche, dove pressioni commerciali. Tutto dipende dall'apertura mentale dell'individuo, che se dentro di se è libero, non si fa coinvolgere dalle pressioni e riesce a esprimersi come meglio sente e crede."

D. "Cosa l'attrae di più in un'attrice?"
R. "Non l'aspetto fisico ma la combinazione personalità - temperamento. Ho profondi sentimenti per tutte le attrici che hanno lavorato con me perchè appartengono a segmenti particolarmente eccitanti della mia vita.

D. "Avverte qualche segno di stanchezza nella sua attività creativa?"
R. "Per me ciò che conta è la qualità del film, che rivela il mestiere. Il mestiere è alla base di tutti i grandi maestri di cinema."

D. "A suo giudizio, quali sono i registi che resteranno nella storia dell'arte?"
R. "Non lo posso dire. Può darsi che vi rimangano anche dei registi che non hanno alcun valore. È possibilissimo. Del resto la storia è un mistero. Il futuro è un mistero."

D. "Lei resterà nella storia dell'arte?"
R. "Non ci ho mai pensato. Del resto, anche questo è relativo. La storia non è eterna. Fra ventimila anni tutto sarà scomparso. Chi si ricorderà di noi? C'è un momento in cui la memoria finisce. Anche il cinema finirà."

D. "Qualche anticipazione sui suoi programmi?"
R. "Certamente... senza timore di rivelare segreti!... sono già al lavoro, unitamente a Walter von Hollander e a Axel Eggebrecht, per preparare una sceneggiatura tratta da un romanzo di Olly Boeheim, per un film che si intitolerà "KOMÖDIANTEN". Sarà prodotto dalla Bavaria e avrà come protagonista Kathe Dorsch. Una storia ambientata nel XVIII° secolo, imperniata sulla figura della grande Carolina Neuber, colei che liberò il teatro tedesco dai guitti istrioni, per fare posto a Schiller, a Goethe a Lessing."

Werner Krauss

D. "Sarà un film a colori?"
R. "No!... non sarà a colori. Ho quindi in animo di realizzare un progetto al quale sto lavorando da anni. Un film drammatico sulla vita del celebre medico alchimista Theophrastus Bombastus von Hohenheim detto Paracelsus, per il quale nel ruolo del protagonista mi gioverò della partecipazione dell'amico Werner Krauss."
D. "Poi?"
R. "Poi se avremo vita... vedremo!"
D. "Per tornare ai film di cui ci ha appena parlato, si tratta di soggetti che illustrano la vittoria del genio sull'oscurantismo?"
R. "La risposta può trovarla in una frase tratta da un discorso recentemente pronunciato dal Ministro Goebbels. Egli ha detto pressapoco così: **...noi intendiamo onorare i nostri pionieri dell'arte cinematografica "autentica", donando loro sul piano economico e morale, la possibilità di realizzare le loro grandi ambizioni e i loro grandi progetti."**
Ecco!... e dato che io sono uno di quei pionieri... (non dimentichi che sono nato nel '85 e faccio il cinema come regista dal '23)... posso usufruire di questa generosità governativa."
D. "Conosce già i nomi di quelli che saranno gli eredi della sua opera?"

R. "Spero solo, ed è l'augurio che formulo per il nostro cinema, che i nostri cineasti sappiano corrispondere alle esigenze della futura cultura della Germania."
Le parole di Pabst si stemperano nel profumo di una zuppa di cipolle, messa in tavola da Berta, una giunonica cuoca bavarese. Come obbedendo a un comando di Pabst, lasciamo lo studio e ci dirigiamo verso la sala da pranzo. Dalla prosa al prosaico.

NDR. Per il cinema del Terzo Reich, G. W. Pabst diresse KOMÖDIANTEN nel 1941, PARACELSUS nel 1942, e nel 1944 un film poliziesco dal titolo "DER FALL MOLANDER" il cui materiale negativo venne "purtroppo" distrutto da un bombardamento aereo, nel 1945, mentre il film era al montaggio.

Indice dei capitoli

Pagina   5: Prefazione
Pagina   9: Intervista all'autore
Pagina 11: Prologo
Pagina 13: L'ultima epopea del Terzo Reich
Pagina 17: Senza requisitorie e senza nostalgie
Pagina 39: **I grandi film**
Pagina 40: Auf Wiedersehen Franziska
Pagina 43: Bismark
Pagina 45: Die Goldene Stadt
Pagina 49: Das Herz Der Königin
Pagina 51: Hitlerjunge Quex
Pagina 55: Ich Klage An
Pagina 57: Jud Süss
Pagina 63: Kadetten
Pagina 65: Kolberg
Pagina 69: Komödianten
Pagina 71: Münchhausen
Pagina 75: Ohm Krüger
Pagina 81: Operette
Pagina 83: Paracelsus
Pagina 85: Der Postmeister
Pagina 87: Rembrandt
Pagina 89: Die Rothschilds
Pagina 93: Titanic
Pagina 96: **Altri film da ricordare:** Wiener Blut, L'Aube
Pagina 97: Traumulus, Verräter, Völkischer Beobachter, Patrioten, Die Kreutzersonate, Käutschuk
Pagina 98: Der Florentiner Hut, Das Unsterbliche Herz, Die Geierwally
Pagina 99: U-Boote Westwärts, Friedemann Bach
Pagina 100: Der Strom, Wen Die Götter Lieben, Romanze in Moll

Pagina 102: Die Strasse Des Bösen
Pagina 103: Unter Der Brücken e altri film da ricordare
Pagina 107: Gli Artisti
Pagina 108: Hans Albers
Pagina 113: Marianne Hoppe
Pagina 115: Brigitte Horney
Pagina 117: Emil Jannings
Pagina 127: Hilde Krahl
Pagina 131: Werner Krauss
Pagina 137: Zarah Leander
Pagina 147: Ferdinan Marian
Pagina 153: Carl Raddatz
Pagina 157: Marika Rökk
Pagina 165: Kristine Söederbaum
Pagina 169: Hans Söhnker
Pagina 173: Luise Ullrich
Pagina 175: Ilse Werner
Pagina 177: Mathias Wieman
Pagina 181: Willy Birgel
Pagina 183: Heinrich George
Pagina 189: Vogliamo anche ricordare: Lil Dagover
            Paul Dahlke
Pagina 190: Lyda Baarova
Pagina 191: Gustav Diessel
Pagina 192: Paul Wegener
Pagina 194: Viktor Staal
Pagina 195: Otto Gebühr
Pagina 197: I realizzatori
Pagina 198: Willi Forst
Pagina 203: Karl Froelich
Pagina 207: Veit Harlan
Pagina 223: Helmut Käutner

Pagina 225: Wolfgang Liebeneiner
Pagina 229: Leni Riefenstahl
Pagina 243: Carl Ritter
Pagina 247: Hans Steinhoff
Pagina 251: Gustav Ucicky
Pagina 255: **Altri professionisti da ricordare**
Pagina 257: **Il significato di un ritorno:
George Wilhelm Pabst**

Finito di stampare nel mese di Febbraio 2016
per conto di Youcanprint *self - publishing*